破晓

吉林人民革命斗争史陈列

吉林省博物院 编

刘　辉
刘朝钊　主编

文物出版社

序

　　吉林省是拥有丰富党史资源和光荣革命传统的省份，在东北和全国党史上占有重要地位。第一位共产党员马骏于 1920 年入党，在吉林大地播下革命火种。1924 年 8 月，党在长春设立地下通讯站——长春二道沟邮局通讯站。1926 年 9 月，党在长春建立吉林省第一个党支部——中共长春支部。长春是吉林省新民主主义革命的源头。九一八事变后，党在吉林省成立磐石赤色游击队，成为东北抗日联军的前身，吉林省是东北抗日联军的创建地。1946 年 12 月，中共南满分局在陈云的领导下，发起四保临江战役，吉林省是东北解放战争的发起地。

　　中国共产党领导吉林人民在这片红色沃土上留下了无数可歌可泣的英雄事迹和动人故事。将这些故事展示给广大观众，是博物馆人义不容辞的责任。近十年来，吉林省博物院（东北抗日联军纪念馆）以挖掘文物价值、融入学术研究、讲好革命故事、弘扬时代精神为宗旨，在重大纪念节点，持续策划推出"传承红色基因、赓续精神血脉"系列主题展览，均得到观众好评和行业内认可。

　　2019 年 9 月 3 日，博物院精心策划的"破晓——吉林人民革命斗争史陈列"正式开展。该展览集中展示了吉林人民在中国共产党领导下，创建组织、掀起反帝反封建斗争革命浪潮的义无反顾，抗击日本侵略的艰苦卓绝，实现人民解放当家做主的波澜壮阔。该展览作为重大革命题材展览，第一次全面反映吉林省新民主主义革命的历史，选题得当，定位明确，内容丰富，形式新颖。开展以来观者踊跃，反响热烈，已成为吉林省重要的红色打卡地，并入选国家文物局 2019 年度"弘扬中华优秀传统文化、培育社会主义核心价值观"主题展览征集推介项目。

　　为持续拓展展览的教育作用，进一步用好文物资源图谱，充分发挥革命文物"教育和滋养"功能，在保持展览体例和主题内容的基础上，展览策展团队花费三年时间对展览内容进行延拓，以深化革命文物的内涵阐释与价值挖掘为着力点，细致梳理和重新凝练"文物与人物、人物与故事、故事与精神"的融合度与鲜活度，编写出版《破晓——吉林人民革命斗争史陈列》一书。

该书按照"见人、见物、见精神"的主题构想，分为"觉醒——反帝反封怒潮涌""雪耻——喋血抗日捍国土""解放——改翻天地掌政权"三个篇章，通过 200 余件文物图片、300 余幅历史照片，讲述吉林人民革命斗争峥嵘岁月中感人至深的故事，展现中国共产党领导吉林人民取得新民主主义革命胜利的光辉历程、伟大功绩。

该书是深入挖掘红色资源，系统梳理红色文化的阶段性成果。首次运用博物馆特有的展览语言，图文并茂书写吉林人民革命斗争的历史，以革命文物和历史照片见证历史，突出文物的实证作用，是革命文物与革命历史深度融合的一部新作。

该书史观正确，史料翔实，融入最新学术成果，具有学术厚度，能够为中共吉林党史、东北抗联史、东北解放战争史的研究提供新素材，也为吉林省红色资源利用提供了新资源。

该书拓展革命文物教育功能，坚持传史育人，凝聚正能量，可为党史学习教育、革命传统教育、爱国主义教育增添一份传承红色基因的新教材。

中共吉林党史研究室副主任　王宜田

2022 年 7 月 31 日

目录

展开近代吉林的历史长卷，反帝反封的风起云涌，喋血抗日的艰苦卓绝，人民解放的波澜壮阔，纷纷跃然眼前。一个个名字，一座座丰碑，见证着中国共产党领导吉林人民谱写的英雄史诗。

"破晓——吉林人民革命斗争史陈列"用珍贵的文物收藏、丰富的历史照片、最新的科研成果，呈现那段难忘的革命记忆，承载着催人奋进的红色传统和红色基因；是新时代激发爱国热情、凝聚人民力量、培育民族精神的教科书。

近代吉林大事记

1885	吴大澂勘界谈判
1901	忠义军抗俄
1917	毓文中学建校
1926	中共长春支部成立
1927	拒日临江设领
1930	药水洞苏维埃政权成立
1932	东满、南满游击队创立
1932	红石砬子抗日根据地创建
1936	东北抗联第一路军成立
1938	袭击老岭隧道工程战斗
1940	杨靖宇壮烈殉国
1945	吉林光复
1946	敦化会议召开
1947	四保临江战役胜利
1948	吉林全境解放

觉醒

——反帝反封怒潮涌

淳朴军民护国心，镌刻在简牍金石，一笔，一划。

民主志士救国情，铭写入史迹书文，一点，一滴。

毓文学子报国梦，飘扬到城巷村边，一心，一念。

共产党人兴国志，广布至沃野山川，一辈，复一辈。

觉醒，万山红遍。

觉醒
——反帝反封怒潮涌

第一单元 蚕食鲸吞 拒俄反日烽鼓不息

从第二次鸦片战争到日俄战争的半个世纪内，沙俄是侵略中国东北的主要势力。日俄战争后，日本从独占中国东北南部开始逐步扩大侵略范围。从俄日帝国主义入侵开始，勇敢的吉林人民就前仆后继进行了反抗侵略、捍卫国家主权的英勇斗争。

◇ 沙俄的扩张 ◇

沙皇俄国自17世纪40年代开始，便一直把我国东北作为它向东方扩张的主要目标。1860年《中俄北京条约》，沙俄割占中国乌苏里江以东、包括库页岛在内约40万平方千米的领土。同时，歪曲《瑷珲条约》的内容，强行侵犯松花江航权。

沙俄在哈尔滨秦家岗建立的尼古拉教堂

沙俄在哈尔滨设立的"华俄道胜银行"

中东铁路修筑时的场景

中东铁路示意图

中东铁路为19世纪末20世纪初沙皇俄国为攫取中国东北资源，称霸远东地区而修建的一条"丁"字形铁路。

吉林地区流通的沙俄货币

1909 年沙皇俄国发行的纸币（25 卢布）

1909 年沙皇俄国发行的纸
币（10 卢布）

1910 年沙皇俄国发行的纸币（100 卢布）

1912 年沙皇俄国发行的纸币（500 卢布）

1917 年沙皇俄国发行的纸币（250 卢布）

1917 年沙皇俄国发行的纸币（1000 卢布）

○ 日本的图谋 ○

日本明治维新以后，在军国主义形成的同时，就确定了"开拓万里波涛，布国威于四方""强兵为富国之本"的对外侵略扩张的"大陆政策"。日本"大陆政策"是以征服朝鲜，占领中国东北及内蒙古东部，进而侵略全中国，再称霸亚洲为目标的。

1894年，日本发动了侵略中国和朝鲜的甲午战争，强迫清政府签订《马关条约》。图为《马关条约》签订场景。

1904～1905年，日俄两国为争夺远东地区控制权，在中国东北的土地上进行了一场帝国主义列强之间的战争，史称日俄战争。图为日俄战争场景画。

沙俄军队强迫东北农民修筑作战堡垒。

1905年沙俄战败，日俄签订《朴茨茅斯条约》。

1906年日本在大连设立的南满洲铁道株式会社（简称"满铁"）

沙俄、日本从领土入侵到资源掠夺，再到经济侵略、宗教渗透，使吉林人民陷入了苦难的深渊。

吉林地区流通的日本货币

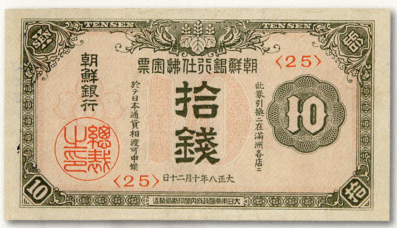

1919 年朝鲜银行（日本殖民侵略机构）发行的兑换券拾钱

1930 年日本银行发行的兑换券拾圆

1930 年日本银行发行的兑换券五圆

○ 勘界拒俄 ○

吴大澂（1835～1902），江苏吴县人，同治进士，授翰林院编修。1880年赴宁古塔、三姓、珲春等地，督办边务和屯垦，开辟驿道，创建吉林靖边军，创办吉林机器局。1886年奉命前往珲春与沙俄交涉边务，收回部分主权，签订《中俄珲春东界约》，明确规定中国有图们江的出海权。著有《吉林勘界》等。

及图们江海口中国船只出入问题等①。

经过调查得知，瑚布图河口（在今东宁附近）"倭"字界牌的地址与条约不符，"倭"字界牌原立于瑚布图河口，"现在小孤山顶，距瑚布图河口尚有二里，并非中俄交界地方"②，吴大澂向巴拉诺夫要求将"倭"字界牌恢复原位，经过双方"亲自履勘"，查明"倭"字界牌确系被移动，议定将新刻之"倭"字石牌，应照《交界道路记文》设立于瑚布图河口。

绥芬河北山之"那"字牌界，原在横山会处，因为"年久无踪迹"。一八七七年所"补立之'那'字界牌在瑚布图河北正山上"，也非故地，双方议定将错立的"那"字界牌移回原处。

自珲春河源至图们江口五百余里，竟无界牌一个，系原来缺立，双方议定在"帕"字与"土"字两界牌间补立"啯"（P）字、"萨"（C）字二界牌。原绘地图"拉"字、"土"字两界牌之间有"玛"（M）字界牌，记文则缺而未立，双方议定补立"玛"（M）

吴大澂会勘中俄边界铜柱铭文

为了更好地抵御沙俄入侵东北边疆，时任清廷边务帮办的吴大澂于1881年奏请清廷在吉林城建造机器局，用来生产供应边务所需的武器弹药。1883年，吉林机器局主体竣工投产，对加强东北边防起到了重要作用。图为吉林机器局遗址。

觉醒

——反帝反封怒潮涌

1881年，吴大澂查边至珲春凉水镇，帮助边民整修房屋，举办"劝农所"，组织边民抗击沙俄侵略。当地人民求书于吴大澂，他用"龙盘虎踞"的缩写，写下"龙虎"二字，表明捍卫祖国边疆的决心，当地居民镌刻于花岗岩上。图为龙虎石刻。

1840年后，沙俄侵吞了我国黑龙江以北、乌苏里江以东的广大领土。1880~1886年，吴大澂以钦差大臣身份奔走于吉林、珲春、宁古塔之间。为了防止沙俄入侵，他与沙俄签订了《重勘珲春东界约记》，并于图们江口补立界碑和16个边界记号，从而有效遏制了沙俄向西扩张。图为中俄边境吉林段第16号界碑。

曹廷杰（1850～1926），湖北枝江人，近代边疆地理学者。1883年，被派往吉林三姓办理边务文案。他到黑龙江流域进行实地考察，撰著《东北边防辑要》《西伯利东偏纪要》《东三省舆地图说》等书，从学术理论上证实黑龙江流域自古就是中国的领土；他拓取永宁寺碑和对东北史地及沙俄侵华史实的研究，受到国内外学者的称颂。

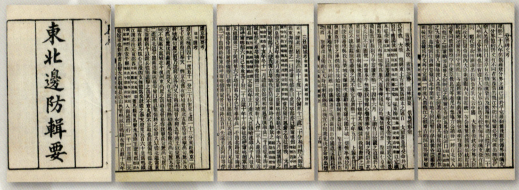

《东北边防辑要》内页

复印版《东北边防辑要》《西伯利东偏纪要》《东三省舆地图说》

觉醒
——反帝反封怒潮涌

◯ 武装抗俄 ◯

　　吉林"三边"，是指当年隶属吉林将军管辖的3个边防要塞。即三姓（今黑龙江省依兰县）、宁古塔（今黑龙江省宁安县）、珲春（今吉林省珲春市）。自俄国吞并乌苏里江以东后，这里三面临俄，难言国防。1900年10月，俄军占领东北大部。吉林大地的抗俄义军纷纷崛起。

　　珲春是吉林"三边"的右翼，拥有靖边军6营，另有刘永和率领的抗俄武装500余人。1900年7月30日，大批俄军向珲春进犯，遭到清军炮火的猛烈回击。此时，东炮台突然被俄军炮火击中震裂，守军不敌，退入城内，珲春失陷。

忠义军主要领导者——刘永和

现代书法：军民团结保三边

松水白山关东地，塞北隐凤伏龙，人康物茂惠黑熊。

靖边鼓角响，雷霆动苍穹。

将士英豪争先勇，儿郎虎豹称雄。

回看兵民戮力处，城头忠义旗，白日贯长虹。

　　　　　　　　　　　——《临江仙·军民团结保三边》

填词：王琥（吉林省博物院），书法：张磊（吉林省博物院）。

《忠义军御俄》木刻版画

● 1900年7月，沙俄纠集17万人，兵分七路入侵东北。珲春副都统英联、忠义军首领刘永和在珲春谋划，决定联合抗击沙俄侵略。

● 1900年10月，刘永和得知吉林将军长顺投靠俄军的消息，决心与清政府决裂。提出"御俄寇，复国土"的号召，表示率领忠义军抗俄到底。

● 1901年，刘永和联合杨玉麟、李贵春等部，抗击进犯通化的俄军，取得了岗山岭战斗的胜利。

● 1901年冬季，忠义军的优秀将领相继在对俄作战中牺牲。刘永和在与吉林将军长顺的谈判中被俘，被俄军押往伯力。

● 1902年3月，刘永和被解回珲春，交由俄军监管，不久越狱逃脱，重组忠义军，发誓与沙俄侵略军战斗到底。

觉醒

——反帝反封怒潮涌

　　1900年，沙皇俄国以"保护中东铁路"为借口，出动10余万人的军队侵入中国东北，妄图实现独霸东北的野心。面对沙俄的武装侵略，东北军民同仇敌忾，团结起来抗击侵略者。

抗击沙俄入侵的忠义军

于家沟位于梨树县石岭镇小孤山村，因
为村民多数姓于，故称于家沟。1900年，一
伙沙俄士兵到于家沟抢掠，村民们用斧子等
与侵略者展开斗争，被沙俄士兵屠杀。图为
于家沟抗俄斗争遗址。

1982年，为了纪念于家沟人民反抗沙俄侵略
者暴行的事迹，梨树县人民政府在当地建立了于
家沟抗俄斗争纪念碑。

吉林军民抗击沙俄侵略使用的火炮

○ 吉林边务 ○

吴禄贞

吴禄贞（1880～1911），湖北云梦人。1897年入湖北武备学堂。1898年赴日本士官学校学习。期间加入兴中会，1902年回国。1907年任东三省军事参议、延吉边务帮办。1908年撰《延吉边务报告》，史证延边地区自古为中国领土，驳斥了日本的"间岛"谬说。1909年任延吉边务大臣督办。1911年武昌起义后，密谋举兵反清，被袁世凯派人暗杀。

延吉边务大臣督办公署旧址

吴禄贞著《延吉边务报告》

边务文案处委员衔姓名单

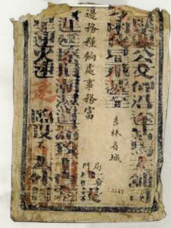

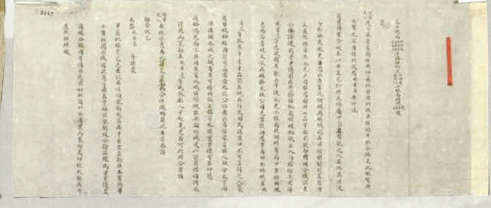

边务粮饷处公函信笺

觉醒

——反帝反封怒潮涌

◎ 拒约运动 ◎

王希天

王希天（1896～1923），吉林长春人。1911年考入吉林省立一中。1914年东渡日本留学。1918年5月，王希天与周恩来、李达等人联合组织"留日学生救国团"，发起拒签《中日共同防敌军事协定》运动。1919年在日本组织留学生发起声援五四运动。同年，为保护中国华工利益，组建"中华民国侨日同胞共济会"，成为旅日华工拥戴的领袖，被日本当局视为"排日巨魁"。

1918年王希天发起"拒约运动"时与王朴山等人合影

国将不国，学为何用？为目前计，惟有全体退学回国，誓死力争取消亡国苛约。

——1918 年 4 月王希天在日本东京第一高等学校
中国留日学生集会上演讲节选

1923 年 9 月，日本东京发生大地震，王希天冒着生命危险寻访罹难华工下落，被捕后惨遭日本军警杀害。图为王希天牺牲地逆井桥。

1924 年，孙宗尧为缅怀王希天创建了"希天医院"。图为吉林市"希天医院"旧址。

○ 拒日临江设领 ○

《临江抗日设领歌》

风潮滚滚唤起那睡狮一梦醒，同胞四万万携手联络作长城。

神州大陆奇男子齐把国权争，莫叫那岛国人设领在临城，

哪怕它枪林弹雨来势真凶猛，铸铁肩担重任壮哉我国民！

　　1922年，日本预谋在临江县城设立领事分馆。其后，不断制造舆论，秘密进行渗透，企图强行设领。1927年4月起，临江人民成立"拒绝日领请愿团"，捣毁日本非法租用的设领房屋，各界罢业，万人游行，严守城门以阻止日本军警入城。拒日设领斗争长达半年，得到了全国民众的有力声援，迫使日本于9月取消设领。

临江人民拒日设领胜利纪念碑

1927年8月3日《民国日报》第四版关于临江民众誓死拒日本设领的报道

◎ 辛亥志士 ◎

　　1905年同盟会成立后，即派遣熊成基、宋教仁、廖仲恺、林伯渠等革命志士赴东北投身资产阶级民主革命。吉林省内的革命党人和爱国志士积极响应，为推翻封建帝制作出了应有的贡献。

熊成基

　　熊成基（1887～1910），江苏扬州人。曾任安徽新军混成协马营和炮营队官。1908年组织发动安徽新军起义。1909年在日本加入同盟会，同年回国后，赴东北从事革命活动。1910年1月在哈尔滨被捕，2月在省城吉林英勇就义。留有著名的"自书供词"。

《熊烈士事略》

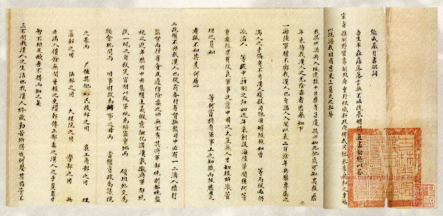

熊成基"自书供词"节选

宋教仁

宋教仁（1882～1913），湖南桃源人。1905年参加同盟会。1907年赴东北从事革命活动。策动"马贼"首领共图反清大举。1912年改组同盟会为国民党，任代理理事长。致力于实现"责任内阁"和政党政治，被誉为"中国宪政第一人"。1913年3月，被袁世凯派人暗杀于上海。

1907年宋教仁来吉林从事民主革命前夕创作《感时诗》："四壁虫声急，孤灯夜雨寒。此身愁里过，故国梦中看。"

廖仲恺

廖仲恺（1877～1925），广东惠阳人。1905年参加同盟会。1909年受孙中山委派赴东北从事革命活动，任吉林巡抚衙门翻译，曾协助吴禄贞办理涉外事务。1910年，闻知熊成基被捕，曾竭力营救。1925年8月，在广州被国民党右派杀害。

何香凝赠给廖仲恺的诗句："国仇未报心难死，忍作寻常泣别声。劝君莫惜头颅贵，留取中华史上名。"

林伯渠

林伯渠（1886～1960），湖南临澧人。1905年加入同盟会。1907年赴东北以吉林省劝学总所会办身份为掩护，联络绿林武装，从事秘密反清活动。1921年加入中国共产党。1927年参加南昌起义。曾任中央人民政府委员会秘书长，第一届、第二届全国人大常委会副委员长。

林伯渠被派往东北从事革命活动期间，与吉林教育界具有爱国思想的许多师生结下了深厚的友谊，马占恒就是其中之一。马占恒曾在吉林师范学堂担任会计，是一位爱国知识分子。二人交情甚厚，经常在一起谈论学校管理、社会教育以及学生思想和时局特点等。每次面谈都事先告知。这个便笺就是林伯渠约见马占恒面谈时写下的。

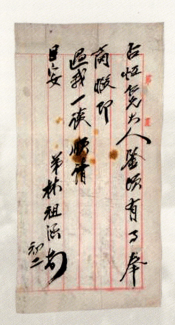

辛亥革命时期林伯渠在吉林写给马占恒的便笺

松毓

松毓(1863～1929)，吉林省吉林市人，满族。1906年组建吉林地方自治会。1908年出任吉林公民保路会会长，率领各界爱国人士开展反日斗争，夺回吉长铁路筑路权。先后创办竞权女子学院、毓文中学和《公民报》(今《吉林日报》前身)。武昌起义后捐资支持革命军北伐，被孙中山誉为"满族豪杰"。

松毓私宅外景

觉醒
——反帝反封怒潮涌

○ 奉系统治 ○

奉系军阀首领张作霖

1922年、1924年,直系军阀与奉系军阀在中国北方进行了两次战争,史称"直奉战争"。第一次直奉战争,奉系军阀战败,于东北图谋再起。第二次直奉战争直系军阀战败。两次直奉战争给东北人民带来了深重的灾难。

直奉战争期间,军阀扩军备战,穷兵黩武。图为集结作战的士兵。

奉系军阀圈占土地简表

圈占人	面　积	地　域	时　间
张作霖	八百八十九方三十七垧	通　辽	1920
	两千八百余方	通　辽	1922
	一千一百余垧	北　镇	1928
吴俊升	两千垧	博多勒格台旗斯卜海	1924
	五千垧	博多勒格台旗阿林塔拉	1925
	两万亩	洮　南	1925
杨宇霆	两千三百垧	博多勒格台旗松林塔塔	1925
张作相	两万垧	乾　安	1926

注：1. 垧，旧时土地面积单位，东北地区多数地方 1 垧合 15 亩。
　　2. 亩，1 亩 ≈ 666.67 平方米。

　　"凡民间契约账簿分书婚书以及当票发货票等类，均须粘贴印花以为法定证据。"军阀政府在财政上的最大特点是军费高于一切，而且数目相当庞大，逐年随意增加。为满足庞大的军费开支以及其他各项用度，新的捐税名目不断增多，税额逐渐加大。

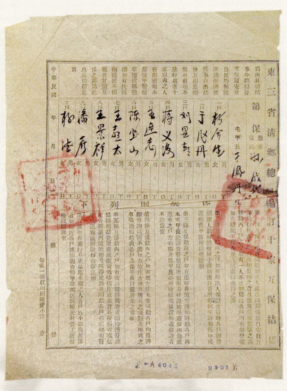

梨树县石头屯十家互保名单

　　东三省清乡总局是近代奉系军阀统治时期维持东北地方清乡治安事务的最高管理机关。主要任务是清乡剿匪，消灭匪患，处理各种清乡案件等，作为一种独有的机构，在整治土匪游民、控制乡村、稳定社会方面起到了特殊作用。"吉林省梨树县石头屯十家互保结规单"是当时吉林省乡村清乡维护治安历史情况的见证物。

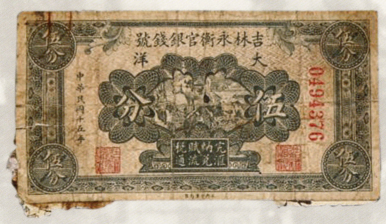

1926 年吉林永衡官银钱号发行的面值伍分大洋券

1922年奉天公济平市钱号
铜元贰拾枚

1922年奉天公济平市钱号
铜元伍拾枚

1922年奉天公济平市钱号
铜元壹百枚

1929年东三省官银号发行的
纸币壹百圆

○ 反清丈斗争 ○

1915年吉林省对民田逐户进行清丈，新增赋税，追索地价。清丈委员趁机勒索，营私舞弊；地方官僚依仗权势，乡村地主通过贿赂官府，往往以多丈少，欺瞒盘剥人民。吉林人民掀起了大规模的反清丈斗争。

吉林督军孟恩远

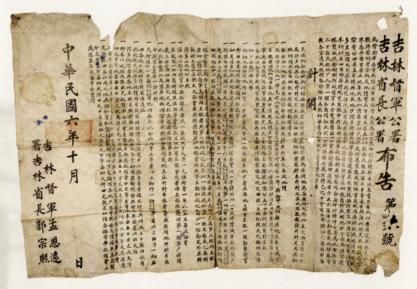

1917年吉林督军公署吉林省长公署颁行的清丈民田布告

1916年4月，海龙县（今梅河口市）3000余人，手持器械，将县署团团围住，坚决反对清丈地亩，清丈被迫中止。图为斗争遗址。

◎ 红土崖大刀会 ◎

　　1927年秋，临江、通化等地民众不堪土匪抢掠，自发成立民间组织"大刀会"，剿除匪患，不断壮大，并在红土崖设总会，下设8个分会，张宗耀任总会长。1928年1月1日，大刀会在红土崖举行暴动，在"杀尽贪官污吏，除暴安良"的口号下，与奉系军阀政府对抗，同年2月，大刀会在奉系军阀的残酷镇压下失败。

红土崖大刀总会旧址纪念碑

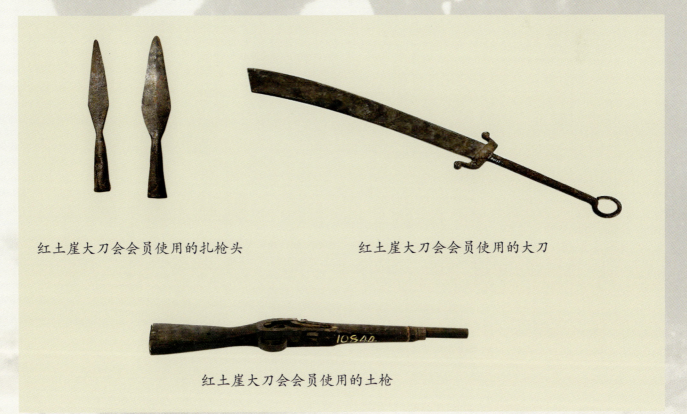

红土崖大刀会会员使用的扎枪头　　　　　红土崖大刀会会员使用的大刀

红土崖大刀会会员使用的土枪

第三单元　曙光初现　社会主义思潮涌动

　　五四运动爆发后，吉林人民掀起了声援的浪潮，促进了广大民众的觉醒，推动了马克思主义的传播。吉林境内开始出现一批先进知识分子，以毓文中学为主要阵地，接受新文化的洗礼，主张社会改革与进步，成为马克思主义和社会主义思想的传播者和倡导者。

○ 五四运动在吉林 ○

1917年，俄国爆发了无产阶级革命，建立了第一个苏维埃政权，史称十月革命。

在吉林流传的《新青年》杂志

《共产党宣言》中译本

1919 年 5 月 4 日，北京青年学生为反对帝国主义瓜分中国的不平等条约，举行了声势浩大的示威游行活动，史称五四运动。

关于五四运动在吉林、长春影响的报道

▲黄保极前途之转圜

昨（十二日）各校學生因青島問題，須誓死力爭特於上午八時在省議會開公民大會，到者二千餘人議決者有三項（一）電告中央政府及巴黎和平專使誓死力爭青島寧為玉碎不為瓦全（二）要求軍政兩段致電政府表示吉林民氣（三）游行市面撮作社會人民之愛國心嗣經到議長報告游行時對某國人決不可有意外行動兔其借端引起交涉某國則已派兵來吉作該領舘駐紮以防不虞等語以上各項均經一致決定云　笑

觉醒
——反帝反封怒潮涌

1919年1月，时事周报《春鸟秋虫》在吉林省城创刊。刊名寓意为要像春天的鸟、秋天的虫一样，不停息地为祖国、为人民鸣不平。其后，吉林毓文中学、吉林一中相继创办"周刊"，积极宣传新思想、新文化。

吉林一中周刊

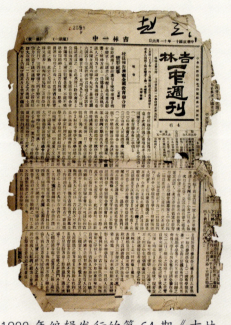

1922 年编辑发行的第 64 期《吉林一中周刊》　　1923 年编辑发行的第 76 期《吉林一中周刊》

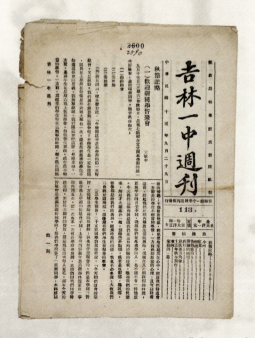
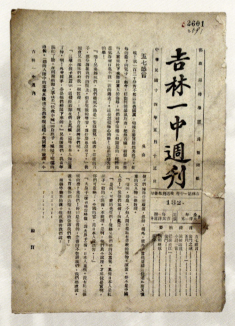

1924 年编辑发行的第 113 期《吉林一中周刊》　　1925 年编辑发行的第 132 期《吉林一中周刊》

◎ 吉林"小南开" ◎

民国伊始，国运衰微。韩梓飔先生抱定"泽乡济世，教育救国"的信念，联合张云责、李光汉等南开学人大力兴学。1917年3月，私立吉林毓文中学建校，因该校仿天津南开建造，故别称吉林"小南开"。著名教育家、南开校长张伯苓先生亲临校址。开明士绅于慕忱、松毓鼎力支持，出资兴建。而后我党老一辈革命家马骏、楚图南、尚钺，著名学者郭沫若等曾在此执鞭就教，宣传马克思主义进步思想。毓文中学是吉林新文化运动的重要阵地。

马克思主义传播的主要阵地——吉林毓文中学

韩梓飔（？～1972），吉林双城人。私立吉林毓文中学创办者之一，第一任校长。在任期间，制定了教育目标、办学方针，探索新式学生管理制度，鼓励学生自治，引进美国"道尔顿制"教学模式，实行学分制，分科修业。在学校困顿之际，积极筹款，使学校渐臻完善。

韩梓飔

韩梓飔使用过的物品

皮包

皮箱

木盒

觉醒

——反帝反封怒潮涌

田兆丰所获的演说竞技会优胜奖锦旗

1928年，吉林毓文中学学生自治会组织全校"演说竞技会"。自治会主席田兆丰做了《论间岛问题》的讲演，论述"间岛"自古以来就是中国的领土，揭露日本帝国主义的侵略罪恶，获取了演说竞技优胜第一名，自治会奖给他这面锦旗，作为纪念。该锦旗是吉林青年学生积极投身于反帝爱国运动的历史见证。

张云贵

张云贵著《大胆》

张云贵（1891～1931），吉林榆树人。吉林新文化传播的代表人物之一。早年先后入天津南开中学、北京高等师范学校学习。1917年参与创办吉林毓文中学，任教务主任兼国文教员。参与创办进步刊物《春鸟秋虫》、文学月刊《吻爽》。曾受聘长春大东日报社社长，组织刊登反帝反奉文章。1928年任张学良秘书，主编军事月刊《军光》。1931年，被军阀石友三杀害。

李光汉

李光汉（1890～1936），吉林榆树人。1907年考入天津南开中学。1911年考入京师大学堂。1917年参与创建吉林毓文中学并任教，参与创办《春鸟秋虫》《毓文》周刊，大力宣传新思想、新文化。五四运动时，率师生上街游行。1925年任长春《大东日报》编辑。1926年任毓文中学校长。九一八事变后，被推举为吉林省反满抗日救国会会长，组织抗日活动。1935年7月被捕，次年6月牺牲。

1928年吉林毓文中学四二制班毕业生合影

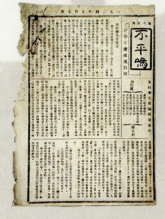

张云责、李光汉
创办的刊物《不平鸣》

1921年《毓文》
周刊二周年纪念增刊

觉醒
——反帝反封怒潮涌

第四单元 暗夜明灯 点燃吉林革命火种

中国共产党的诞生，给灾难深重的中国人民带来了光明和希望，给中国革命指明了方向，揭开了新民主主义革命的历史篇章。伴随着中共吉林省地方党组织的建立与发展，革命火种遍燃白山松水。吉林人民在中国共产党的领导下，掀起了反帝反封建斗争的高潮。

◎ 党组织初建 ◎

中国共产党成立后，十分重视东北地区党组织的建设，多次派遣共产党员来到东北。1925年初，中共北方区委会派从苏联回国的吴丽石来哈尔滨从事党的工作，同年建立了中共哈尔滨特别支部。以此为起点，吉林地区党组织纷纷成立。

吴丽石

吴丽石（1899～1930），江苏沭阳人。中共东北地方党组织创建人之一。1923年加入中国共产党。曾任中共哈尔滨特别支部书记、中共北满地方执行委员会书记、中共满洲省委组织部部长，领导主持黑龙江、吉林地方党组织的筹建工作。1930年4月在济南英勇就义。

杜继曾（1895～1972），河南杞县人。1926年加入中国共产党。同年4月，受党委派赴长春开展革命活动，主要负责国共合作工作。1927年2月，组建中共吉林县支部，任书记。1945年抗战胜利后，曾任中共哈尔滨市新阳区委书记等职。

杜继曾

张锦春

张锦春（1896～1975），吉林东辽人。中共长春党组织的创始人之一。1923年加入中国共产党。1924年，受党委派到长春工作，以支局长的身份为掩护在二道沟邮局建立党的通讯站，及时传达党的指示和情报。1926年9月，参与组建中共长春支部，后改为中共长春特别支部。1931年后，主要从事共产国际的情报工作。

张锦春使用过的皮夹

韩守本（1903～1937），吉林扶余人。中共长春党组织的创始人之一。1925年加入中国共产党。1926年创建中共长春第二师范学校通讯站。同年9月，参与组建中共长春支部，任书记。10月，任中共长春特别支部书记。1929年赴哈尔滨从事工人运动。1937年在苏联海参崴从事共产国际情报工作期间遇害。

韩守本

中共长春二道沟邮局通讯站旧址

觉醒——反帝反封怒潮涌

萧丹峰

萧丹峰（1902～1985），吉林双阳人。曾参加吉林声援"五四""五卅"反帝爱国运动。1926年加入中国共产党。1927年任长春《大东日报》总编辑。先后负责中共吉长区委、吉长临时县委的宣传和学生组织工作。1935年在北平组建东北人民抗敌会。抗战胜利后，出任桦甸、双阳县县长。东北解放后，历任吉林省人民法院副院长、省人民政府秘书长、省政协副主席。

萧丹峰用过的物品

笔筒

在大东日报社任编辑时戴过的眼镜

砚台

1927年2月，受党委派，杜继曾到吉林组建中共吉林县支部，并任支部书记。图为中共吉林县支部旧址。

1927年夏，在中共中央驻东北三省特派员吴丽石的主持下，中共柳河小组成立，隶属中共奉天市委领导。柳河小组是长白山区成立的第一个党的基层组织。图为中共柳河小组遗址。

觉醒

——反帝反封怒潮涌

1928年8月，中共和龙县三道沟支部建立。图为三道沟支部旧址。

1930年8月，中共珲春县委成立。图为珲春县委成立纪念地。

1931年1月，中共汪清县第五区区委成立。图为图们石岘区委旧址。

为加强党对东北工作的领导，1928年10月，中共满洲临时省委改为中共满洲省委。图为中共满洲省委机关旧址——沈阳市和平区皇寺路福安巷3号。

1930年5月26日，中共延边特别支部在和龙县药水洞宣布成立苏维埃政府。药水洞苏维埃是东北地区最早的人民革命政权。图为药水洞遗址。

中共吉林地方党组织分布示意图（1928～1931）

觉醒——反帝反封怒潮涌

○ 红色岁月 ○

吉林地方党组织发动人民群众，开展反帝反封建斗争。其中，"声援五卅""红五月斗争""吉敦暴动""保卫路权斗争""秋收春荒斗争"，是发生在吉林境内具有典型意义的历史事件。

声援五卅

马骏

马骏（1895～1928），吉林宁安人（今属黑龙江省），回族。最早在吉林省开展革命活动的共产党员。1919年参加五四运动，成为京津学生领袖。同年与周恩来等人成立革命团体"觉悟社"。1921年加入中国共产党。1924年开始在吉林毓文中学宣传革命思想。1925年组织吉林人民开展声援"五卅"运动，被推举为"吉林沪案后援会"会长。大革命失败后，任中共北京市委书记兼组织部长。1928年被奉系军阀杀害。

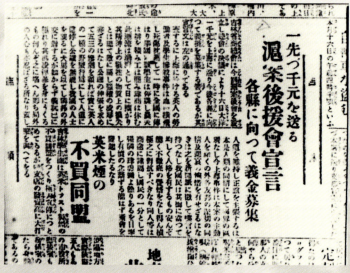

《满洲新闻》登载的吉林沪案后援会宣言

马骏从事革命活动旧址——吉林清真寺

《声援五卅》（油画）

1951年马骏烈士公祭大会

红五月斗争

　　中共吉林地方组织建立后，在各级党组织的领导和推动下，吉林人民经历了工人运动、农民运动和反日斗争，进一步提高了觉悟，增强了民族意识。1930年，为贯彻中共中央关于发动"五一"全国总示威运动精神，吉林人民又掀起反帝反封建斗争的新高潮，称为"红五月斗争"。

被群众捣毁的龙井发电厂和东拓会社分店

《吉长日报》关于大荒沟地区斗争的报道

吉敦暴动

中共吉敦线临时党支部檄文

　　在中共吉敦线临时党支部的号召和领导下，敦化、额穆两县农民600余人，8月1日举行暴动。图为斗争遗址。

保卫路权

哈尔滨反日筑路市民大会

"对日经济绝交" 标语

延边四县人民欢送关俊彦等请愿代表出发时
的情形

三省路权保持会为建筑吉会、长大铁路请愿书

东三省路权保持会组织大纲　中共宁安县农民斗争纲领

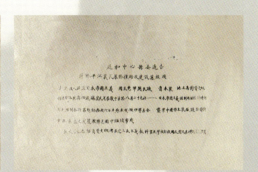

延和中心县委通告

敦化"八一"暴动快邮代电

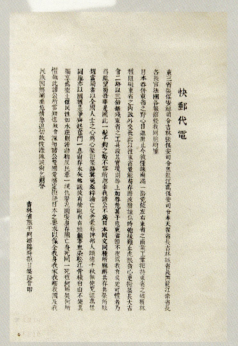

吉林省旅平同乡临时拒日筑路会快邮代电

第二部分

雪耻

——喋血抗日捍国土

国土沦陷，山河破碎，白山松水鸣哀嚎；
揭竿而起，誓师御敌，首举义旗敢为先；
党发号召，主动出击，赫赫军威冲云天；
老弱妇孺，共赴国难，纵死沙场不言憾；
孤悬敌后，血洒疆场，不朽业绩贯长虹。
雪耻，还我河山。

第一单元　蓄谋已久　日军入侵吉林沦陷

　　日本明治维新后，走上军国主义道路，侵略野心膨胀，加快了对中国侵略的步伐。1931年，日本关东军制造九一八事变，国民党政府推行不抵抗政策，使日军迅速占领全东北，并炮制了伪满洲国傀儡政权，开始了长达十四年的殖民统治。

○ 吉林的 1931 年 ○

　　1927年6月，日本首相田中义一召开"东方会议"，通过《对华政策纲要》，确定了侵华的基本政策。（右三为田中义一）

　　1931年，日本侵略者在吉林省万宝山（今吉林省德惠市万宝镇），指使朝鲜人挖渠筑坝，占用良田，引发冲突，使当地中国农民遭受巨大损害。图为"万宝山事件"发生地。

1931年6月25日，中村震太郎（左）和骑兵曹长井杉延太郎（右）等人被东北屯垦军捕获，确认是日本参谋本部派遣的军事间谍，遂被执行枪决，史称"中村事件"。

1931年9月18日夜，日军在沈阳柳条湖附近自爆南满铁路路轨，并以此为信号进攻东北军驻地北大营，九一八事变爆发。图为柳条湖南满铁路爆炸现场。

日军炮轰后的东北军驻地北大营废墟

雪耻

——喋血抗日捍国土

1931 年 9 月 19 日 4 时 45 分，日军第三旅团第四联队向长春二道沟及南岭方面的中国兵营发动突然袭击，长春陷落。图为在长春火车站集结的日军。

1931 年 9 月 20 日 6 时 10 分，多门二郎率日军第二师团主力进犯吉林省城（今吉林市）。吉林省政府代主席熙洽将吉林驻军调出城外，不战而降。图为日军占领吉林省城。

九一八事变后四处逃难的民众

◇ 拼凑傀儡政权 ◇

溥仪

溥仪（1906～1967），满族，爱新觉罗氏。1908年登皇帝位，年号宣统，1912年2月退位，1924年被逐出紫禁城，移居天津。1932年在日本扶植下，出任伪满洲国执政，1934年任伪满洲国皇帝。1945年8月被苏军俘获，后移交中国政府，1959年特赦释放。曾任全国政协委员、全国政协文史资料研究委员会专员。

1932年3月9日，在日本关东军的策划下，溥仪在原吉长道尹衙门举行就职典礼，就任伪满洲国执政，年号大同，将长春改名为新京，定为伪国都。

伪满洲国溥仪的佩刀

議定書

日本國業已承認滿洲國根據其住民之意思自由成立而成一獨立國家之事實

因滿洲國宣言中華民國所有之國際約款其應得適用於滿洲國者爲限即願尊重之

滿洲國政府及日本國政府爲永遠鞏固滿日兩國間善隣之關係互相尊重其領土權且確保東亞之和平起見爲協定如左

一　滿洲國將來滿日兩國間未另訂約款之前在滿洲國領域內日本國或日本國臣民依據既存之日文兩國間之條約及公私契約所有之一切權利利益即應確認尊重之

二　滿洲國及日本國確認對於締約國一方之領土及治安之一切脅威同時亦爲對於締約國之威脅同當防衛國家之任爲此所要之日本國軍駐紮於滿洲國內本議定書自簽訂之日起即生效力

本議定書籍成漢文原文與日本文各二份漢文原文與日本文之間如過解釋不同之處應以日本文原文爲準

爲此記名兩員各奉本國政府之正當委任將本議定書簽字蓋印以昭信守

大同元年九月十五日
昭和七年九月十五日
訂於新京

滿洲國國務總理　鄭孝胥　印
日本帝國特命全權大使　武藤信義　印

1932年9月15日，伪满洲国与日本签订出卖中国东北主权的《日满议定书》。该议定书的签订将中国东北变成日本扩大侵略战争的基地，表明中国东北完全被纳入日本的殖民统治。图为《日满议定书》。

郑孝胥书溥仪伪执政即位宣言轴

伪满洲国国旗

1932年3月9日，伪满洲国政府公布了《政府组织法》及各机关官制。依此设立一系列行政机构，作为强化"国家机器"，推行殖民统治的工具。

伪满洲国民政部，现为吉林省石油化工设计研究院。

伪满洲国外交部，现为长春市太阳会大饭店。

雪耻
——喋血抗日捍国土

伪满洲国军政部，现为吉林大学第一临床医院。

伪满洲国财政部，现为长春市浦东发展银行，原建筑已改变。

伪满洲国实业部，原建筑已拆除。

伪满洲国交通部，现为吉林大学公共卫生学院。

雪耻
——喋血抗日捍国土

伪满洲国司法部，现为吉林大学白求恩医学部。

伪满洲国文教部，现为中共长春市委员会，原建筑已拆除。

日伪军警在东北制造的主要惨案

（1932～1941）

惨案名称	时　间	地　点	制造者	暴　行
平顶山惨案	1932年9月16日	抚顺县平顶山	驻抚顺县日军守备队及宪兵队	集体屠杀3000余人，焚尸后炸塌山崖掩盖罪行
土龙山惨案	1934年3月12日至19日	依兰县土龙山	日伪军警	杀害民众1000余人，烧毁民房1000余间
老黑沟惨案	1935年5月29日至6月7日	舒兰县老黑沟	日军"讨伐队"	屠杀民众1017人，烧毁绝大部分民房
下五家子惨案	1935年11月16日	锦西县下五家子村	驻锦西县日军守备队	屠杀我同胞370余人，烧毁民房100余间
白家堡子惨案	1936年7月15日	柳河县白家堡子	驻通化县朝阳镇日军守备队	屠杀400余人，烧毁民房60余间
南岗头惨案	1936年12月16日	安东县南岗头村	驻安东县合隆镇日军守备队与伪自卫团	抓捕男人240余人，杀害230余人，强奸、轮奸所有少女与年轻妇女，烧毁全村民房
四合村惨案	1938年1月4日	汤原县四合村	驻汤原县日军守备队	杀害100余人
西二堡惨案	1938年1月15日至2月1日	汤原县西二堡等村屯	驻鹤立与汤原县日军守备队及日本宪兵队	杀害120余人，其中烧死70余人，刺刀挑死32人
三肇惨案	1940年12月至1941年3月	肇东、肇州、肇源等县	日伪军"讨伐队"及当地宪兵、警察	逮捕329人，判死刑72人，判无期徒刑103人，杀害22人

"第一〇〇部队"与"第七三一部队"是日军1936年建立的两支进行细菌战的秘密部队，在中国酿成了极大的灾祸。东北人民痛恨地称其为"细菌杀人工厂"。

位于今长春市孟家屯的日本关东军第一〇〇细菌部队遗址

日本侵略者疯狂掠夺劳动力资源，在非人的奴役下，上百万中国劳工累死、病死、饿死或被打死在工地上。图为修筑吉林丰满水电站大坝的劳工。

日军强行占领西安(今辽源市)煤矿后，采取"以人换煤"的残酷手段，疯狂地掠夺煤炭资源。图为伪满西安煤矿方家大柜"万人坑"一角。

伪满洲国劳工遗物

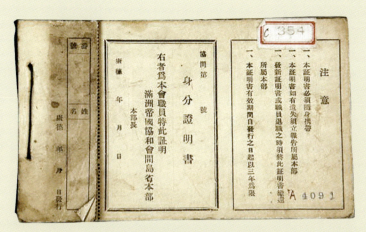

伪满洲国国民身份证明书

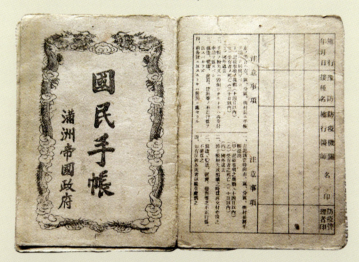

伪满洲国国民手账

伪满洲国劳工喝水木槽

1943 年 9 月 18 日，伪满洲国颁布《思想矫正法》。被认为"有犯罪之虞者"，都会被送到思想矫正院，接受无限期的"精神训练"、长期服苦役。图为《思想矫正法》的内容。

日本侵略者将掠夺的大量物资运往日本。图为装箱待运的情形。

1939 年 8 月，伪通化省警务厅制定"吉林、通化、间岛（今延边地区）三省联合治安肃正计划"，重点对东南满地区（今吉林省东南部、辽宁省东部地区）进行"讨伐"，妄图消灭东北抗联第一路军。图为日伪东边道"讨伐"司令部。

　　"集团部落"，农民称之为"归大屯"。日本侵略者为了隔绝人民群众与抗日联军的联系，切断群众在物质上对抗日联军的支援，强迫百姓到指定地点集中居住，烧毁了无数民房，制造了许多无人地区。图为百姓在日军武力监督下修建集团部落。

伪满洲国时期敦化中苇子沟集团部落

伪满洲国境内的各机关、学校都要建一座神庙，供奉日本的"天照大神"。图为伪满当局强迫学生参拜"天照大神"。

第二单元 还我河山 奋起抗日序幕揭开

　　九一八事变后，东北各阶层人民和东北军的部分爱国官兵，在中国共产党抗日主张的影响和广大人民群众抗日救亡运动的推动下，自发组织武装，坚决抵抗日本侵略，这些抗日武装统称"东北抗日义勇军"。活动在吉林省境内的主要有吉林自卫军、吉林抗日救国军、中国国民救国军。

1931年9月19日，日本关东军向东北军长春南岭兵营炮兵第一营发起突然袭击，南岭兵营的广大官兵奋起抵抗。图为战斗遗址。

冯占海（1899～1963），辽宁义县人。九一八事变后第二天，已投降日军的驻吉副司令长官公署参谋长熙洽以欺骗的手段将冯占海卫队团调离省城，并利用与冯占海的师生关系对冯三次诱降。冯占海不为所动，致电全省各县，宣布抗日讨逆。自此，吉林的抗日力量迅速兴起。

冯占海

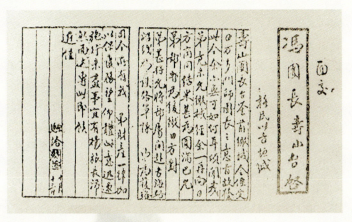

熙洽写给冯占海的诱降信

冯占海领导的吉林抗日救国军

冯占海部抗日义勇军攻打双城车站

雪耻

——喋血抗日捍国土

王德林

王德林（1873～1938），山东沂南人。曾任东北军营长。1931年10月，在延吉县小城子率部起义，成立中国国民救国军。率部转战镜泊湖地区，先后攻占额穆、宁安等地。王德林将军忠厚、质朴，他沉默寡言，但面对国土沦丧，家园尽毁，却大声呼吁："国土都丧失了，东北民众当了亡国奴，大家应该有钱的拿钱，没钱的拿命，一切统统贡献出来，作收复失地的斗争，才是正经。"

吉林敦化贤儒镇太平村国民救国军司令部遗址

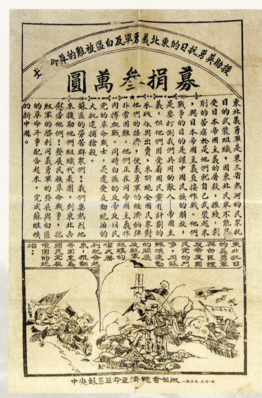

1933年5月1日，中央苏区革命互济总会发放的援助东北义勇军募捐单。

《镜泊湖连环战》（油画）

李杜

李杜（1880～1956），辽宁义县人。曾任东北军旅长、依兰镇守使等职。九一八事变后，率部誓师抗日，指挥了著名的哈尔滨保卫战。1932年组建吉林自卫军，任总司令。他模仿第一次世界大战中凡尔登战役法军的做法，将哈尔滨市内的大批民用机动车辆征用，开出城外全速运载部队进城，从而以极快的速度抵达了哈尔滨，使投降派的计划破产，稳定了哈尔滨的军心民心。李杜也被获赠绰号"飞将军"。

李杜率部星夜赶赴哈尔滨，联合兄弟部队成立吉林自卫军，通电抗日。

吉林自卫军官兵击落的日军飞机

只有杀敌李杜，
以光我中华民族；
绝无降敌李杜，
以污我中华战史。
——李杜

李杜送给吉林自卫军独立团
团长冯国霖的公文包

雪耻
——喋血抗日捍国土

王凤阁

　　王凤阁（1897～1937），吉林通化人。九一八事变后，在临江红土崖揭竿而起，成立辽东民众义勇军，任司令，后率部加入辽宁民众自卫军，任第十九路军司令、第三方面军总指挥，在临江、金川、海龙（今梅河口）、通化、辑安（今集安）等地，与日伪军进行了艰苦卓绝的战斗。1937年3月，在老虎顶子被敌人包围，苦战三天三夜，率队转移到六道沟南岔，受伤被俘。4月1日，在通化玉皇山下的柳条沟英勇就义。

　　王凤阁的妻子和儿子"小金子"也一起落入了日本侵略者的魔掌。敌人拿饼干和糖果给小金子，可他突然冲着日本军人大喊："我不吃鬼子的东西！"一个四岁的儿童，面对敌人毫无惧色，喊出了中国人抵御外侮的共同心声。1937年4月1日，小金子和王凤阁夫妇一起慷慨就义。

《不吃日本糖》（国画）
作者：王爽（吉林省博物院）

王凤阁与妻子在刑场上

1932年3月，唐聚五组建辽宁民众自卫军，成为活跃在吉林、辽宁境内的一支抗日武装劲旅。为支援自卫军对日作战，东北民众抗日救国会从北平派人给唐聚五秘密送来一部电台，在作战时起到了重要作用。同年底，自卫军遭到日军重兵围剿，撤离临江时，将电台掩埋在板石沟。新中国成立后，电台被挖掘出土。

辽宁民众自卫军唐聚五部使用的电台

宋国荣率抗日救国义勇军攻打磐石县城。图为磐石县东城门。

雪耻

——喋血抗日捍国土

东北抗日义勇军奔赴抗日前线

战壕中的东北抗日义勇军

被东北抗日义勇军颠覆的日军列车

活动在吉林地区的抗日义勇军主要战斗统计表

(1932.1～1932.12)

时　间	部队番号	领导人	地　点	战　果
1932年1月 28日	吉林自卫军	李　杜 冯占海	哈尔滨	击溃进攻哈尔滨的于琛澂部伪军
1932年2月 20日	中国国民救国军	王德林	敦化县	从东、南、北三面攻入市街，占领伪县署， 击毙日军长谷大尉以下50余人
1932年3月	吉林自卫军	冯占海	方正县桶 子沟	毙伤日伪军1000余人，缴获迫击炮4门 及大批枪械
1932年3月 18日	中国国民救国军	李延禄	宁安县墙 缝一带	击毙日军小川松本大尉以下 120余人
1932年5月 4日	吉林自卫军	宫长海	哈尔滨市 郊三棵树	击毙日伪军100余人，伪军 两个营起义
1932年6月 1日	吉林抗日救国军	姚秉乾	阿城县	攻克阿城县城，击毙日伪军550余人， 缴获迫击炮4门、轻重机枪10挺
1932年9月 2日	中国国民救国军	吴义成	安图县	攻克安图县城，收编伪县保安大队

　　1932年冬，日伪当局集中大批兵力对延边、通化等地区进行了大规模"讨伐"。至1933年初，吉林省各路义勇军均遭受了严重挫折。

东北抗日义勇军使用的枪支——大抬杆

第三单元　党发号召　创建武装团结御侮

民族危亡之际，中国共产党首先提出发动群众，建立武装的主张。在中共满洲省委的领导下，吉林各族人民投入抗日救国洪流，创建抗日武装，开辟抗日游击根据地，建立统一战线，联合抗战，团结御侮，沉重打击了侵略者的嚣张气焰，抗日游击战争蓬勃发展。

○　创建武装　○

共产党有主张，领导群众把日抗，工农的武装一齐上战场，
百战百胜，铁的红军真顽强。
定要救回我的东三省，要把日寇杀个光。
　　　　　　——节选自东北抗日歌谣《共产党有主张》

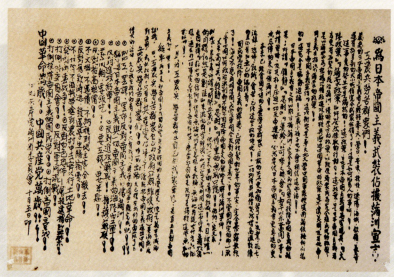

1931 年 9 月 19 日，中共满洲省委发出《为日本帝国主义武装占据满洲宣言》。

1931 年底，中共满洲省委机关由沈阳迁往哈尔滨。图为中共满洲省委机关旧址——哈尔滨小戎街 3 号。

杨林

杨林（1898～1936），朝鲜平安北道人。1925 年加入中国共产党。1930 年任中共东满特委军委书记，1931 年任中共满洲省委军委书记。1932 年赴磐石巡视工作，领导创立磐石反日工农义勇军。为南满游击队和东北抗日联军第一军的成立奠定了坚实的基础。

磐石工农反日义勇军是中国共产党在南满地区最早建立的抗日武装。1932 年 11 月，中共满洲省委军委代理书记杨靖宇在桦甸县蜂蜜顶子对其进行了整顿，正式改编为"中国工农红军第三十二军南满游击队"。图为南满游击队创建地——磐石县大红石砬子山。

雪耻
——喋血抗日捍国土

杨靖宇

杨靖宇（1905～1940），河南确山人。1927年加入中国共产党。东北抗日联军第一路军总司令兼政委，是东北抗日联军的缔造者、指挥者之一。领导东南满地区军民坚持长期抗战，给日本侵略者以沉重打击，为东北抗日战争取得最终胜利作出了重大贡献。1940年2月23日，在濛江县（今靖宇县）保安村三道崴子壮烈殉国。2009年，他被评为100位为新中国成立作出突出贡献的英雄模范人物。

《不要做没有油的灯芯》（画照）

1932年11月，杨靖宇受中共满洲省委派遣赴磐石、海龙整顿党组织和游击队。此时的磐石工农义勇军由于遭受挫折而士气低落，已离开磐石转往桦甸。杨靖宇赶到桦甸后，组织召开会议，耐心地与党团员谈话，他说："没有根据地，就像没有家，我们是磐石人民子弟兵，在那里土生土长。我们好比是灯芯，人民好比是油，我们不要做没有油的灯芯。"

孟杰民

孟杰民（1912～1933），吉林磐石人。1930年加入中国共产党。1931年九一八事变后，在磐石县立中学组织"反日救国会"，进行抗日宣传。此后，赴磐北地区，发动农民，创建抗日武装。曾任磐石工农义勇军小队长、南满游击队总队长。1933年1月，在收缴反动地主武装时遭敌暗枪所害，不幸牺牲。

九一八事变后，孟杰民组织师生开展抗日宣传活动，他用这方青砚研墨，书写了大量标语、传单、讲演稿，声讨和揭露日本军国主义的侵略罪行。

南满游击队实物

南满游击队队旗

南满游击队使用的腰别子

南满游击队袖标

雪耻

——喋血抗日捍国土

1933年5月28日，宋铁岩、曹国安策动伪吉林警备第五旅第十四团迫击炮连起义，加入南满游击队。图为起义旧址——吉林省磐石县烟筒山烧锅大院。

1933年8月13日，南满游击队联合抗日义勇军"毛团"等部队共千余人攻打磐石县呼兰镇，击毙伪自卫团长高希甲。图为攻打呼兰镇战斗遗址。

海龙游击队是中国共产党在南满地区创建的抗日武装之一。1932年8月，中共海龙中心县委建立了海龙工农义勇军。1933年1月，改编为中国红军第三十七军海龙游击队。

童长荣

童长荣（1907～1934），安徽湖东人。1924年留学日本。1925年加入中国共产党。1931年11月，中共满洲省委派童长荣到东满任特委书记，领导发展党的组织，加强建立游击队工作的领导。1932年，先后建立了延吉、汪清、安图、珲春、和龙等多支游击队。1934年3月，在汪清县十里坪作战中英勇牺牲。

1931年12月，中共东满特委书记童长荣在安图县瓮声砬子主持召开东满各县负责人和党团积极分子联席会议。会议决定在东满各地建立游击队，开展抗日武装斗争。图为会议遗址。

1932年3月，汪清反日游击队成立。图为汪清县腰营沟游击队军营。

雪耻

——喋血抗日捍国土

1932年11月，珲春游击队在大荒沟成立。图为创建地遗址。

筹集粮食的东满游击队员

延吉炸弹

东满游击队成立后，为克服武器不足而自制一种武器，称为延吉炸弹。主要构件包括：炸药、炸药筒、生铁片、外壳、铁丝，炸药筒和外壳中间填满生铁片（或玻璃碎片、辣椒面等）。为便于携带，用铁丝做一挂钩，行军时挂在腰部。

1933年9月18日，中共磐石中心县委和南满游击队在西玻璃河套猪腰岭召开大会，正式宣布将中国工农红军第三十二军南满游击队改编为东北人民革命军第一军第一独立师。图为会议遗址。

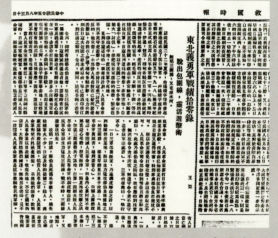

中共满洲省委致磐石人民革命军第一军独立第一师成立贺电

1933年11月24日，杨靖宇率部运用声东击西战术，佯攻凉水河子，乘虚占领柳河县三源浦。图为《救国时报》登载的战斗经过。

东北人民革命第一军独立师少年营单刀

雪耻
——喋血抗日捍国土

金伯阳

金伯阳（1907～1933），辽宁旅顺人。中共满洲省委主要领导者。1929年加入中国共产党。1931年任中共满洲省委常委，两次赴苏联参加远东"赤色职工"国际会议。1933年到南满巡视工作并改编苏剑飞部自卫军，成立东北人民革命军第一军南满第一游击大队。同年11月在金川县旱龙湾战斗中英勇牺牲。

1934年3月，中共东满特委在延吉县三道湾召开特委和游击队负责人会议，决定以延吉、和龙、汪清、珲春四县游击队为基础，成立东北人民革命军第二军第一独立师。图为三道湾会议旧址。

全世界无产阶级及被压迫民族联合起来

慶祝

人民革命軍反日勝利

打倒日本帝國主義及傀儡滿洲國

人民革命軍是老百姓自己的武裝

中高民族獨立解放萬歲

東北人民革命軍第二軍第一獨立師第二團

东北人民革命军第二军第一独立师第二团口号

1934 年 11 月 5 日，中共南满党的第一次代表大会在临江县四道二岔召开，大会一致通过了正式成立东北人民革命军第一军和建立中共南满临时特委的决议。图为第一军成立纪念地。

1935 年 5 月 30 日，东北人民革命军第二军正式成立。图为安图县迷魂阵二军成立纪念地。

1935 年 8 月 19 日，东北人民革命军第二军第一团联合抗日义勇军"海龙"部，在长图铁路南沟至亮兵台之间的大西村附近，颠覆开往朝鲜的日伪291 次列车，使机车和车厢脱轨，缴获大量棉布、大米、白糖和烟草。图为战斗遗址。

1935 年 8 月底，东北人民革命军第二军政治部主任李学忠率第二军第二团两个连 150 人转战到南满抗日游击根据地，与第一军第二师第八团在濛江县（今靖宇县）北部那尔轰胜利会师，打通了南满与东满党组织和部队的联系。图为油画《那尔轰会师》。

《人民革命军画报》创作的有关一、二军那尔轰胜利
会师的场景画

1936年初，中共珠河中心县委将汪雅臣率领的反满抗日救国义勇
军改编为东北人民革命军第八军。第八军在五常、舒兰、榆树一带坚
持抗日游击战争。

雪耻
——喋血抗日捍国土

汪雅臣

汪雅臣（1911～1941），山东蓬莱人。九一八事变后，组建反日"双龙"山林队。1934年在五常县创建反满抗日救国义勇军，建立九十五顶子山抗日游击根据地。1935年加入中国共产党。历任东北人民革命军第八军军长、东北抗日联军第十军军长等职。1941年1月29日，在五常县石头亮子对敌作战中壮烈牺牲。

1936年夏，汪雅臣率主力部队在舒兰县珠琪屯上口子设伏，痛击日伪军"讨伐队"，毙伤大批敌人。图为珠琪战斗遗址。

1940年9月11日，为解决部队过冬给养，汪雅臣率部袭击拉滨铁路日伪重要据点五常县山河屯，占领伪警察署，缴获了一批武器、弹药、粮食、衣服、金银首饰等物品。战斗胜利后，为酬谢30多名当地参战百姓的支援，汪雅臣把缴获的部分战利品分发给他们。张万成分得这个银挂件。1982年5月，张万成之子将银挂件捐赠给我院收藏。

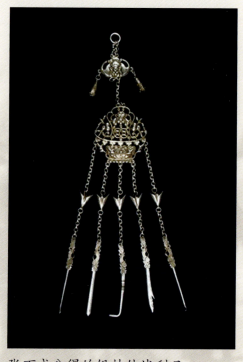

张万成分得的银挂件战利品

◎ 开辟根据地 ◎

　　抗日游击根据地是东北抗日游击战争的中心和依托。通常建立有中共领导的军队、抗日团体、群众抗日武装以至抗日政权。具有坚持时间相对较短、流动性强、范围较小等特点。抗日游击根据地是发动、组织人民群众共同开展抗日斗争的基地。

　　红石砬子抗日游击根据地是中国共产党在南满创建的第一块根据地，是中国工农红军第三十二军南满游击队的诞生地，是东北抗日联军第一军的摇篮。

李东光

　　李东光（1904～1937），朝鲜咸镜北道人，1918年迁居吉林省珲春县大荒沟。1930年加入中国共产党。历任中共磐石中心县委书记、南满特委组织部长、南满特委书记、南满省委组织部长。1937年7月在兴京县（今辽宁新宾县）大瓦子沟遭遇日军，激战中壮烈牺牲。

　　1932年，中共东满特委在小汪清创建了抗日游击根据地。根据地设立了中共东满特委机关、中共汪清县委机关、汪清县第二区人民革命政府、汪清游击大队部等。1934年1月，因敌人的疯狂"讨伐"，为保存抗日力量，根据地军民转移到十里坪、腰营沟等地，继续坚持斗争。

图为小汪清根据地中共东满特委水井。抗战时期，大梨树沟的抗日军民共同挖了这口水井，并用圆木镶嵌四周，每年到了枯水季节，周边的抗日军民都要到这里取水，中共东满特委书记童长荣也曾来此饮用过井水。

1933年3月30日，汪清县抗日游击队阻击日伪军"讨伐队"，经过激战，打退敌人数次进攻，在小汪清根据地保卫战中首战告捷。图为尖山战斗遗址。

中共东满特委印发的
朝鲜文版《两条战线》

海龙县民众抗日救国会铅字印章

王德泰

王德泰（1907～1936），辽宁盖县人。1931年加入中国共产党。东北抗日联军第二军的创建人和主要领导人。1932年春，任延吉"反帝同盟"组织部长。历任延吉县抗日游击大队政委、东北人民革命军第二军独立师政委、师长，东北人民革命军第二军军长，东北抗日联军第二军军长、第一路军副总司令等职。1936年11月在抚松县小汤河战斗中壮烈牺牲。

1934年7月中旬，王德泰指挥东北人民革命军第二军独立师第二团、独立团及部分义勇军和山林队，攻打日伪重要据点安图县大甸子。经过11昼夜围困，一举攻克，并占领月余。图为大甸子战斗遗址。

1932年冬至1935年1月，中共和龙县委领导创立了渔浪村抗日游击根据地。根据地成立了人民革命委员会，领导和推动抗日活动的开展；和龙游击队以此为依托进行武装斗争。图为根据地遗址。

渔浪村抗日游击根据地

雪耻

——喋血抗日捍国土

《渔浪村十三勇士》（国画）

　　1933年2月11日晚，日伪军向渔浪村抗日根据地发动军事"讨伐"。县游击队队长金世、政委金嫂（绰号）率领部分队员，迅速占据有利地势进行反击，县委书记崔相东指挥群众转移。经过5个多小时血战，13名勇士壮烈牺牲。他们是县委书记崔相东、游击队队长金世、政委金嫂、小队长李九熙、队员安兴元、柳泽珪、俞万吉、李吉元、金国镇、全斗浩、赤卫队员刘亿万、少先队员车贞淑，还有一位烈士未留下姓名。

渔浪村十三勇士纪念碑

东北反日总会、东北抗日联合军发布的《为华北事变告东北同胞宣言》

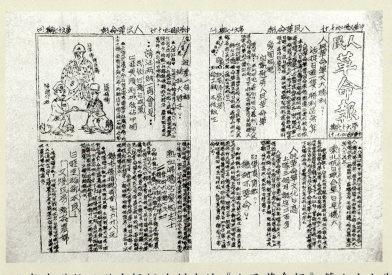

1935年南满抗日游击根据地创办的《人民革命报》第六十七期

1935年南满抗日游击根据地创办的《反日民众报》第三期

吉林省抗日游击根据地

红石砬子抗日游击根据地

1932～1936

　　红石砬子抗日游击根据地是中国共产党在南满创建的第一块根据地，是中国工农红军第三十二军南满游击队的诞生地，是东北抗日联军第一军的摇篮。根据地范围约200平方千米。留存有八家沟抗联遗址、西沟抗联遗址、游击队员居住地、后方医院、修械所等20余处遗址遗存，出土了武器、生活用品、油印机等大量文物。2019年，红石砬子抗日根据地遗址被国务院核定为第八批全国重点文物保护单位。

　　　　　　　　　　　　　磐石市朝阳山镇东北部的红石砬子山区

渔浪村抗日游击根据地

1932～1935

　　1932年冬至1935年1月，中共和龙县委领导创立了渔浪村抗日游击根据地。根据地成立了人民革命委员会，领导和推动抗日活动的开展；和龙游击队以此为依托进行武装斗争；"渔浪村十三勇士"的英雄事迹就发生于此。根据地面积约2.5平方千米，尚存中共和龙县委、平岗区委、游击中队一二小队驻地、人民革命政府、兵工厂等多处遗迹。

　　　　　　　　　　　　延边朝鲜族自治州和龙市西城镇渔浪村

大荒沟抗日游击根据地

1932～1934

　　大荒沟抗日游击根据地位于珲春市英安镇和密江两乡的北部。该根据地曾是中共珲春县委所在地，始建于1932年秋。根据地建立后，广大人民群众在党的领导下开展各种形式的反日斗争，多次击溃敌人的讨伐。1934年夏，由于抗日斗争形势的变化，抗日游击区转移到汪清金仓地区。大荒沟抗日游击根据地的面积大约有一千平方千米。主要遗址有北一学校遗址、荒区苏维埃政府遗址、十三烈士殉难地、头道岭军事筹备会议遗址、中共珲春县委遗址、北沟村苏维埃政府遗址、兵工厂遗址、被服厂和医院遗址。

延边朝鲜族自治州珲春市英安乡大荒沟村

富岩抗日游击根据地

1932～1934

　　富岩抗日游击根据地位于原八道乡东北部长胜村一带和烟集乡石人村一带的偏僻地区。与王隅沟和三道湾抗日游击根据地相邻。根据地于1932年创建，至1934年因战略转移弃置。遗迹范围内主要包括东沟（长胜村）八区苏维埃政府、兵工厂、儿童俱乐部、碾坊、粮囤、长财村区人民革命政府、长财村苏维埃政府和游击中队部等遗址遗存。旧有建筑目前仅存础石，大多地域已经辟为农田。1961年，经延边州人民政府批准，富岩抗日游击根据地被列为州级重点文物保护单位。

延边朝鲜族自治州延吉市朝阳川镇长胜村

王隅沟抗日游击根据地

1932～1933

王隅沟抗日游击根据地位于原依兰乡境内西北部，与汪清交界，四面环山。根据地于1932年夏建立。中共王隅沟支部曾以此为依托，发动群众组织农民协会、共青团、妇女会、儿童团、反帝同盟、互济会，进行反帝反封建斗争。遗迹范围内包括中共东满特委和延吉县委办公室、王隅沟区人民革命政府、东北人民革命军第二军独立师第一团团部、北洞抗日兵工厂、四方台抗日军民驻地、王隅沟游击中队室等遗址。1981年，经吉林省人民政府批准，王隅沟抗日游击根据地被列为省级重点文物保护单位。

延边朝鲜族自治州延吉市依兰镇古成村

梨树沟抗日游击根据地

1932～1934

梨树沟抗日游击根据地位于珲春市春化镇南端，紧临中俄国境线，南端距珲春市区约90千米，包括闹枝沟和梨树沟两处，都是由西北伸向东南约有15千米长的深沟。主要包括闹枝沟密营和梨树沟1、2、3、4号密营等遗址。遗迹中曾出土抗日军民使用的斧子、铜碗等文物。梨树沟抗日游击根据地形成于1932年1月，中共春化区委以此为依托，领导群众开展抗日斗争活动，建立春化抗日游击队，以根据地为据点开展斗争达2年有余。

延边朝鲜族自治州珲春市春化镇梨树沟村南端

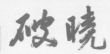

烟筒砬子抗日游击根据地

1932～1934

　　1932年秋，中共珲春县委在烟筒砬子创建了抗日游击根据地。其范围东起南沟河，西达大马鞍山，南接中苏分界线，北至珲春河，面积近千平方千米。根据地建有县、区和村各级党组织，建立了苏维埃政权，成立了反日群众性武装和反日群众团体，开展各种形式的反日斗争。1934年7月，根据地军民转移到汪清县金仓一带继续开展游击战争。

　　　　　　　　　　延边朝鲜族自治州珲春市杨泡满族乡烟筒砬子村所在地

老黑沟抗日游击根据地

1932

　　老黑沟抗日游击根据地由吉林抗日救国军建立，是其抗击日本侵略者的重要据点。吉林抗日救国军以这里为依托，多次袭击日军军列，拦截日军汽车，沉重打击了日伪嚣张气焰，激发了人民群众的抗日热情。

　　　　　　　　　　　　吉林市舒兰市新安乡老黑沟村老爷岭、六道河一带

小汪清（马村）抗日游击根据地

1933～1934

　　小汪清（马村）抗日游击根据地位于汪清县东光镇明月潭风景区东南1.5千米大梨树沟内。东西长5千米，南北宽1千米，面积5平方千米。1932年下半年，中共东满特委机关从延吉县（今龙井市）王隅沟转移到梨树沟，同汪清县委合署办公。童长荣在梨树沟创办了中共东满特委刊物《两条战线》。1933年2月，汪清县第二区苏维埃政府在马村成立。根据地日益发展壮大，成为东满抗日斗争的领导中心，引起了日本侵略者的极大恐慌。1933年3月至1934年1月，敌人出动大批兵力多次进攻根据地，根据地的抗日军民在特委和县委的领导下粉碎了敌人的进攻。1934年1月，为保存抗日力量，党组织决定，撤销小汪清抗日游击根据地，分别转移到十里坪、腰营沟等地，继续坚持抗日游击斗争。

延边朝鲜族自治州汪清县东光乡东林村

三道湾抗日游击根据地

1933～1935

　　三道湾抗日游击根据地地处敦化、安图、汪清交界处一个由北向南伸展的峡谷内。1933年创立，1935年转移。1934年3月15日，东北人民革命军第二军独立师在此成立。遗迹范围内包括中共东满特委联络所、中共延吉县委、张芝营二军独立师成立地、东满党政军干部学习班、兵工厂、医院、被服厂、印刷厂等遗址。

延边朝鲜族自治州延吉市三道湾镇东沟村

大荒崴抗日游击根据地

1933～1935

　　大荒崴抗日游击根据地位于汪清县大兴沟镇大石村西北约5.3千米处的大石林场苗圃内。根据地于1933年底开始建立，居住着自小汪清、王隅沟等地转移来的数百名群众。根据地内包括有扩建的蛤蟆塘区党团区委和区农民委员会、人民政府，学校、兵工厂、被服厂、印刷厂和医院等机构设施。东北人民革命军第二军独立师的部分兵力驻守于此，负责守卫任务。该根据地于1935年2月被撤销。

延边朝鲜族自治州汪清县大兴沟镇大石村

葫芦头沟抗日游击根据地

1933

　　葫芦头沟抗日游击根据地位于烟筒山镇粗榆村葫芦头沟，曾经是磐石游击队的重要据点，当时建有红军报报社、游击队铁西医院和军械所等设施。因游击队转移，根据地废弃。原有建筑现已无存，仅余基址。

吉林市磐石市烟筒山镇粗榆村葫芦头沟

南满那尔轰抗日游击根据地

1934～1935

　　那尔轰抗日游击根据地由东北人民革命军第一军独立师与当地党组织于1934年初建立。根据地内建有党的领导机构"中共江南特别支部"，地方抗日武装"濛江农民自卫队第一支队"，群众抗日组织"反日会""妇女会""儿童团"，抗日政权"同心乡人民革命政府"。1935年底，根据地被日伪军严重破坏，原有建筑设施现已无存。

白山市靖宇县那尔轰政府所在地东南村委会前

腰营沟抗日游击根据地

1934～1935

　　腰营沟抗日游击根据地于1931年由中共汪清县委派人初步筹建，1934年春，小汪清区委和根据地的群众转移到腰营沟，中共东满特委和汪清县委也从马村经过十里坪和大荒崴转移到这里，腰营沟一度成为东满抗日斗争的中心。1935年3月，在这里召开了人民革命军第二军军政联席会议。会议决定撤销东满抗日游击根据地，组织部队向南、北满远征。腰营沟抗日游击根据地至此撤销。

延边朝鲜族自治州汪清县鸡冠乡腰营村

河里抗日游击根据地

1934

　　河里抗日游击根据地位于龙岗山脉中段的哈泥河上游地区，大部分属金川县（现已撤销，划入柳河、通化等县）所辖。这里地势复杂，位于金川与柳河、通化、临江、濛江等县的交界地区。游击根据地以金川河里为中心，包括金川县的凉水河子、回头沟、大甸子、哈泥河、大荒沟，临江县的太平沟、板石沟等地，方圆几十千米。这块根据地是东北人民革命军第一军独立师师部直属部队、第三团和后来第一军军部直属部队、第三师的根据地。

通化市通化县光华乡光华村已里的哈尼河上游山区

奶头山抗日游击根据地

1935～1936

　　奶头山抗日游击根据地位于二道白河镇东南25千米的奶头村，由东北人民革命军第二军军长王德泰率部于1935年创建，范围东西约400米、南北约300米，1936年2月末弃置，曾进行过两次保卫战，消灭日伪军300多人，是东满地区影响力较大的根据地之一。遗迹范围内包括东北人民革命军第二军军部、第二军第二团团部、奶头山村民委员会、儿童团室、妇女会、兵工厂、被服厂、医院等遗址。

延边朝鲜族自治州安图县二道乡

车厂子抗日游击根据地

1935

车厂子抗日游击根据地于1935年初创建。由来自和龙、延吉县内各抗日游击根据地转移而来的军民组成，达千余人，是东满地区较大的抗日根据地之一。根据地内遗迹包括东北人民革命军第二军、游击队驻地，三个区政府及兵工厂、被服厂、医院等遗址。该根据地于1935年末弃置，原有设施现已无存。

延边朝鲜族自治州和龙市西城镇和安村

东岔抗日游击根据地

1936～1938

东岔抗日游击根据地位于集安市清河镇东岔村至长岗村一带的深山幽谷中。于1936～1938年由杨靖宇率领的东北抗日联军第一军建立。范围北自东岔村一带起，南至长岗村南，约12.5千米，东自老岭山脉、小爷岭、家什房子，西至台上村六道阳岔，约10千米，面积约125平方千米。遗迹范围内包含抗联第一军司令部、后勤部和临时医院、兵营、粮库、哨卡等遗址。1981年4月20日，该遗迹被公布为省级重点文物保护单位。

通化市集安市清河镇东岔村南侧1.2千米

○ 统一战线 ○

1933 年 1 月 17 日，中共驻共产国际代表团以中华苏维埃临时中央政府、工农红军革命委员会名义发出《为反对日本帝国主义侵入华北愿在三条件下与全国各军队共同抗日宣言》。宣言对东北地区抗日民族统一战线的形成具有指导作用。

1933 年 1 月 26 日，《中央给满洲各级党部及全体党员的信——论满洲的状况和我们党的任务》（简称"一·二六指示信"），分析了满洲的形势，要求满洲党组织尽可能结成全民族的统一战线，并在统一战线中夺取和保证无产阶级的领导。

雪耻
——喋血抗日捍国土

　　1933 年春，《一·二六指示信》传到中共满洲省委后，省委于 1933 年 5 月 15 日召开扩大会议，通过了《关于执行反帝统一战线与争取无产阶级领导权的决议——接受中央一月二十六日来信》。图为会议旧址——哈尔滨道里区中国大道街 13 号。

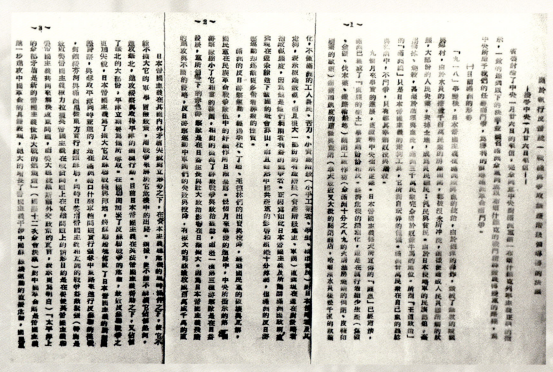

　　中共满洲省委《关于执行反帝统一战线与争取无产阶级领导权的决议——接受中央一月廿六日来信》

冯仲云

冯仲云（1908～1968），江苏武进人。1927年加入中国共产党。历任中共满洲省委秘书长、东北人民革命军第三军政治部主任、中共北满临时省委书记、东北抗日联军第三路军总政委等职，对抗联第三路军的建立与发展、北满抗日游击根据地的建设作出了重要贡献。

中共满洲省委巡视员冯仲云在龙潭山向吉林特别支部传达"一·二六指示信"，对南满地区执行党的统一战线政策，掀起联合抗日高潮，起到了重大的作用。图为吉林市龙潭山遗址。

雪耻
——喋血抗日捍国土

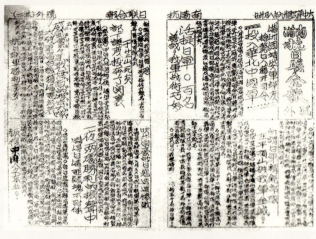

《南满抗日联合报》号外

《中国报》刊登的关于杨靖宇任南满地区抗日联合军总司令的消息

1934年2月21日，杨靖宇召集东北人民革命军第一军独立师等17支抗日武装代表在城墙砬子（今靖宇县花园口镇）举行会议，决定成立东北抗日联军总指挥部，杨靖宇当选为总指挥，隋长青为副总指挥，下辖8个支队。会议确立了中共领导的第一军独立师在南满抗日武装中的领导地位，表明南满抗日民族统一战线的初步形成。

《城墙砬子会议》（国画）

魏拯民

魏拯民（1909～1941），山西屯留人。1927年加入中国共产党。1935年任中共东满特委书记、东北人民革命军第二军政委。他纠正了东满特委在执行反日统一战线政策方面存在的薄弱环节，东满地区抗日游击战争进入到一个新的阶段。1936年任中共南满省委书记、东北抗日联军第一路军总政治部主任等职。1941年3月，魏拯民在桦甸县牡丹岭抗联密营中病逝。

1933年9月，延吉县游击大队联合义勇军"平日军"和"双胜部"，向八道街日本警察分驻所和伪自卫团发起猛攻。击毙敌军数人，缴获一批武器、布匹、粮食，烧毁两台军用卡车。图为八道街战斗遗址。

1935年5月2日，东北人民革命军第二军第一团联合抗日义勇军"平日军"等部，在敦化哈尔巴岭至大石头路段设伏，颠覆了由朝鲜清津开往伪满新京（长春）的202次国际列车，俘虏日伪军政要员13人，缴获大量物资和钱款。图为战斗遗址。

雪耻——喋血抗日捍国土

史忠恒

史忠恒（1906～1936），吉林永吉人。九一八事变后，随王德林起义任国民救国军营长。1934年任救国军第十四旅旅长，同年加入中国共产党。1936年任东北抗日联军第二军第二师师长、第一路军第二军第五师师长。1936年10月，率队在图佳线老松岭附近袭击日军军用列车时身负重伤壮烈牺牲。

巴黎《救国时报》关于史忠恒参加东北抗日联军第二军的报道

1935年8月1日，中共中央和中华苏维埃中央政府发表《为抗日救国告全体同胞书》（八一宣言）。号召全国同胞团结起来，一致抗日，共同救国，提出组织全中国统一的国防政府和抗日联军的主张。

1936年2月，东北人民革命军第二、五军主要领导干部会议在宁安县南湖头召开。由魏拯民传达共产国际"七大"会议精神；研究、确定今后进一步贯彻党的统一战线方针；确立筹建东北抗日联军的任务。

吉林地区抗日武装联合作战统计表

（1933.7～1935.12）

战斗名称	时　间	地　点	参战队伍	战　果
攻打日本领事馆分馆战斗	1933年7月29日	延吉县八道沟	延吉游击队联合抗日义勇军各部	围攻八道沟日本领事馆分馆，占领伪警察署
围攻呼兰镇战斗	1933年8月13日	磐石县呼兰镇	南满游击队联合抗日义勇军"毛团"等部	围攻呼兰镇，击毙伪自卫团长高希甲
围攻东宁县城战斗	1933年9月上旬	东宁县	汪清游击队、珲春游击队联合中国国民救国军等部	攻入东宁县城，毙伤日伪军120余人
袭击凉水河子战斗	1933年12月23日	金川县凉水河子	东北人民革命军第一军独立师联合抗日义勇军"老长青"部	攻占伪军邵本良兵站基地凉水河子，缴获大量军需物资
围攻大甸子战斗	1934年7月	安图县大甸子镇	东北人民革命军第二军独立师独立团和第二团联合抗日义勇军各部	攻克大甸子镇
攻打安图县城战斗	1934年8月15日	安图县	东北人民革命军第二军独立师第二团和独立团联合抗日义勇军各部	攻占安图县城，毙伤日军近30人，伪军300余人哗变
颠覆国际列车战斗	1935年5月2日	长图铁路哈尔巴岭	东北人民革命军第二军独立师第一团联合抗日义勇军"平日军"等部	颠覆日军"国际列车"一列，击毙日伪军30余人，俘虏日伪重要人员13人
官地通沟战斗	1935年12月7日	额穆县	东北反日联合军第五军一部联合东北人民革命军第二军一部	毙伤日伪军400余人

1936年2月20日，中共驻共产国际代表团发表《东北抗日联军统一军队建制宣言》。根据宣言，东北抗日联军第一军到第十一军先后编成，并创建南满、东满、吉东、北满几大片游击根据地和游击区。实现了东北抗日武装力量的大联合，表明东北抗日民族统一战线最终形成。

东北抗日联军第一军战士

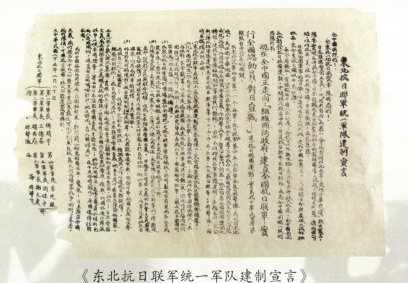

《东北抗日联军统一军队建制宣言》　　　　中共东满特委传单

抗联一路军（群雕）

雪耻
——喋血抗日捍国土

○ 主动出击 ○

1936年7月初，中共南满、东满党的组织和东北抗日联军第一、第二军主要领导干部联席会议在金川县河里密营召开。会议决定将抗联第一、第二军合编为东北抗日联军第一路军，并成立总司令部，杨靖宇任总司令。将南满、东满党的领导机构统一，建立中共南满省委，魏拯民任书记。图为国画《金川河里会议》。

东北抗日联军第一路军警卫旅战士

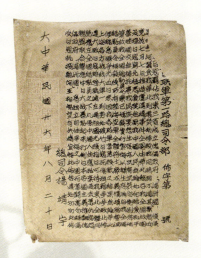

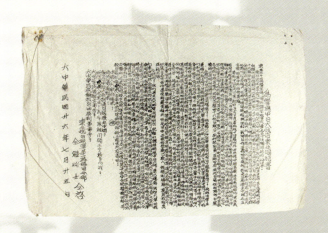

七七事变后，为配合全国抗战，杨靖宇以抗联第一路军总司令部的名义发出《东北抗日联军第一路总司令部布告》，揭露日本帝国主义侵吞中国的野心，号召东北各族人民团结一致，驱除日寇。图为东北抗日联军第一路军总司令部布告（"杨司令布告"）。

1937年7月25日，东北抗日联军第一路军总司令部发布《为响应中日大战告东北同胞书》，号召东北同胞为收复东北的大好河山而英勇战斗。图为《为响应中日大战告东北同胞书》。

1937年8月20日，东北抗日联军第一路军总司令部发布《为响应中日大战告满军同胞书》，号召伪满军不要当亡国奴，马上哗变，携手夹攻日寇，为争取祖国独立、民族解放而战。图为《为响应中日大战告满军同胞书》。

雪耻

——喋血抗日捍国土

《痛歼邵本良》（皮雕画）

1936年2月27日拂晓，杨靖宇率部袭击通化县热水河子伪军邵本良部，包围敌团部，解除敌人武装，俘敌副团长以下60余人。

1936年4月30日，杨靖宇率部在本溪县梨树甸子沟里夹砬子设下埋伏，给邵本良伪军一个营以歼灭性打击，邵本良脚部受伤带领残部狼狈逃跑。

1937年秋，杨靖宇指挥部队在金川县回头沟痛击伪军邵本良部，邵本良受重伤逃回奉天，后被日本人毒死于伪南满医院。

　　1937年10月26日，魏拯民指挥东北抗日联军第一路军第二军教导团、独立旅和第六师第八团共400人，攻打日军补给基地辉南县城。战斗中击毙日军守备队20余人，缴获大批粮食、弹药和军需物资，并向群众散发抗日救国宣传单。图为战斗旧址。

　　1936年6月和11月，为了与北上抗日的中央红军取得联系，扩大东北抗日游击区，粉碎敌人"大讨伐"，东北抗日联军第一军先后进行了两次西征，沉重打击了日军，扩大了抗联的声威，鼓舞了广大群众的抗日热情。图为国画《摩天岭大捷》。

雪耻
——喋血抗日捍国土

陈翰章

陈翰章（1913～1940），吉林敦化人，满族。1933年加入中国共产党。1935年后，历任东北反日联合军第五军第一师政治部主任，东北抗日联军第二军第二师代理师长，东北抗日联军第一路军第二军第五师师长、第三方面军指挥。率部转战汪清、珲春、敦化、宁安、额穆等地。1940年12月，在宁安县镜泊湖南湖头小湾湾沟对敌作战中壮烈牺牲。

1939年8月24日至27日，魏拯民、陈翰章、侯国忠指挥东北抗日联军第一路军第三方面军，兵分三路，发动了以安图县大沙河为中心的连环战斗，共毙伤俘敌300余人，取得了重大胜利。图为大沙河战斗遗址。

东北抗联使用的部分武器

手枪

手枪

手枪

土枪

第四单元　同仇敌忾　抗日救亡共赴国难

在东北抗日联军第一军、第二军、第十军各部开辟抗日游击区和根据地，进行游击战的同时，中共地下党组织，以及全省各地工农群众、知识分子也以各种形式积极开展抗日斗争，救亡图存，共赴国难。

○ 地下斗争 ○

在对敌斗争中，党建立了许多地下情报站、联络站，成为收集情报、传达信息、保护百姓、掩护将士的重要机构。

1933年初，中共吉林特支在吉林市河南街富裕胡同7号周建华家建立了第二交通站，周建华担任站长，负责为南满游击队输送药品和宣传品，并多次接待和转送杨靖宇、冯仲云等中共满洲省委领导。交通站成为连接中共满洲省委与吉林地方党组织的重要枢纽。图为第二交通站旧址。

周建华

周建华（1913～1937），吉林双阳人。1932年加入中国共产党。历任中共吉林特支第二交通站站长，东北人民革命军第一军独立师南满第一游击大队政治部主任，东北人民革命军第一军第二教导团政委、第二师政治部主任，东北抗日联军第一军第三师政委。1937年冬在开原县夹皮山掩护部队突围时壮烈牺牲。

周建华的妻子闫庆莲与孩子

中共吉林特支第二交通站隐藏文件使用的花瓶

花瓶为中共吉林特支第二交通站遗物，也是周建华与妻子闫庆莲的结婚纪念物。周建华曾将党的文件和传单隐藏在花瓶中。1964年，闫庆莲将花瓶捐赠给我院收藏。

周建华在吉林第二交通站工作和生活中使用的物品

笔筒

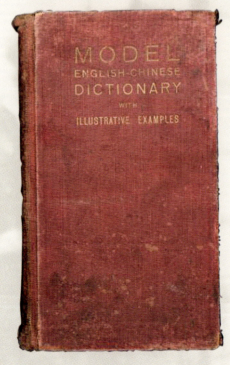

图书

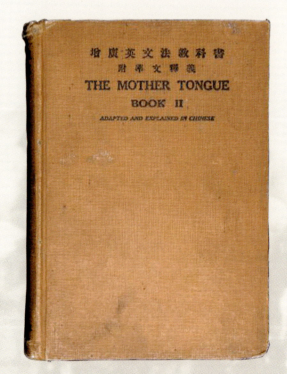

图书

张蔚华

张蔚华（1913～1937），吉林抚松人。中共抚松县地下党组织负责人。九一八事变后积极投身抗日斗争。1932年加入中国共产党。他利用家中开办的书局、商号、印刷厂、照相馆作掩护，为抗日游击队提供枪支、弹药、布匹、药品等军需物资。1937年10月27日，为了保守党的机密和保护战友的安全，喝下升汞，以身殉国。

张蔚华使用的物品

石印石板

印刷机滚筒卡轮

1940年1月，东北青年救亡会成立，成为中共领导下的东北秘密情报组织。同年4月，救亡会在长春召开会议，确定总站设在沈阳，长春、哈尔滨等地设立分站。长春情报站从成立至1945年8月，搜集了大量日伪政治、军事、经济等方面的重要情报，并送往关内抗日根据地。

渔浪村游击队联络站遗址

李维民

从1939年至1945年，中共中央情报部、东北工委等机构向吉林省派遣了数十名人员，从事地下工作。图为被派遣到吉林市的李维民。

靖宇地区党组织、抗日武装秘密联络站简表

名　称	存续时间	创建者	作　用
三道老爷府联络站	1936～1938年冬	东北抗日联军第二军第三师团结当地猎户和采参人，建立秘密联络站	接待抗联官兵、输送军需品、搜集日伪情报
石龙崴子联络站	1936年～？	东北抗日联军第一军第二师师长曹国安，组织当地的船夫和放排工成立反日会，建立秘密联络站	搜集日伪信息，为抗联对敌斗争提供了可靠的情报
石门子密营和碱场仓库	1937～1939年	东北抗日联军第一路军与当地民众	为抗联部队运送、储存粮食。当时，百姓为抗联筹集的给养都经石门子密营秘密转移至碱场仓库
小营子水上交通站	1937～1938年	东北抗日联军第一路军某部	用于传递情报和进行水上运输
海岛屯水上运输联络站	抗日战争时期	濛江县（今靖宇县）商会会长冯少由	组织渔民利用自己的船只，为抗联部队搜集情报，筹集给养，运送伤病员
江心岛联络站	1936年6月～？	东北抗日联军第一军第二师师长曹国安，濛江县（今靖宇县）商会会长冯少由	在通往吉林的船队和木帮中开展抗日活动

小体验

通过扫描二维码进入小程序，比对密码本，按故事情节完成任务，做一个"情报先锋"。

扫一扫

雪耻
——喋血抗日捍国土

情 报 先 锋

部队	b1	鬼子	g5	任务	r1	一	A
部署	b2	根据地	gj	伤员	s5	二	B
兵力	b3	火力	h3	三道湾	sd	三	C
帮助	b4	寒葱岭	hc	十里坪	sl	四	D
保护	b5	葫芦头沟	hl	沈阳	sy	五	E
傍晚	b6	哈尔滨	hr	突围	t1	六	F
百姓	b7	红嘴子	hz	铁路	t2	七	G
撤退	c1	集结	j1	头道溜河	td	八	H
存亡	c2	坚持	j2	通化	th	九	I
策划	c3	机枪	j4	围困	w1	十	J
地图	d1	缴获	j5	物资	w2	百	K
敌军	d2	宽城子	kc	维持	w3	千	L
弹药	d3	粮食	l2	窝棚	wp	万	M
敌人	d4	来袭	l4	汪清	wq	余	N
抵达	d5	黎明	l5	小河沿	xh	数	O
大量	d7	临江	lj	新京	xj	速	P
党员	d8	李湾村	lw	药品	y1	第	Q
大瓦子沟	dw	砬子	lz	游击	y2	军	R
俘获	f1	濛江	mj	掩护	y4	请	S
奉命	f2	密林	ml	远东	yd	求	T
发动	f4	密营	my	延吉	yj	名	U
方案	f6	破晓	p3	指示	z1	日	V
岔沟	fg	磐石	ps	转移	z2	在	W
孤军	g1	枪支	q1	支援	z3	前	X
勾结	g2	群众	q2	执行	z4	后	Y
革命	g4	侵略者	q3	作战	z5	挺	Z

密码本

○ 群众性反日斗争 ○

各地党组织十分注意开展工人工作，领导工厂、矿山的工人进行反日斗争。

吉海铁路工人在党的领导下，通过破坏铁路支援南满游击队。1933年3月，工人将磐石老爷岭隧道洞口北侧铁路的15根道钉拔掉，使日军铁甲车脱轨颠覆。图为斗争遗址。

1933年4月，哈尔滨电车工人举行反日大罢工。图为罢工时的电车。

雪耻

——喋血抗日捍国土

哈尔滨电车工人罢工领导人赵一曼

1937年夏,桦甸县夹皮沟金矿工人秘密成立反日同盟会,举行罢工,抗议日军暴行。图为夹皮沟金矿遗址。

1931年九一八事变后,中共东满特委和延吉、和龙、汪清、珲春等县委,发动农民开展了反对日本侵略者、清算亲日走狗的"秋收"斗争。图为秋收斗争遗址。

　　1932年春，中共东满特委领导延吉、和龙、汪清、珲春各县农民掀起以抗捐抗债、借粮度荒、反对日本侵略和清算亲日走狗为内容的"春荒"斗争。参加斗争的人数达2万人，有力地打击了日伪统治势力。

　　在秋收春荒斗争中，中共延吉区委书记曹基锡等二十八位同志不幸被捕，被日本军警杀害。图为二十八位烈士殉难地遗址。

　　1932年2月至5月，在中共磐石中心县委领导下，磐石民众连续掀起"二九""四三""五七"等三次反日斗争。图为"二九"斗争遗址。

○ 文教斗争 ○

　　九一八事变后，毓文中学很多师生南下入关，投奔革命。李光汉校长为"保我赤子"，毅然留校，坚持办学。1935年1月，李光汉与肖汝伦等人组织"吉林省反满抗日救国会"，积极开展抗日活动。同年7月，李光汉与毓文中学训育主任李桂勋及其他学校进步力量等几十人被捕入狱。毓文中学被日本宪兵强行封闭，学生被合并到伪满四中。

　　1932年10月，吴秀云、杨舒恒、杨青山等进步文学青年，在磐石县女子高等小学创建了抗日文学团体"曦虹社"，后改名"晨风社"，以笔作刀枪开展抗日文艺救亡活动，同日伪反动当局进行斗争。图为"曦虹社"遗址纪念碑。

宋铁岩

宋铁岩（1910～1937），吉林永吉人。1931年加入中国共产党。九一八事变后，率领北平学生请愿团赴南京请愿，强烈要求国民党政府收复东北失地，遭扣押。在狱中他写下了抗日救国的诗篇《前进》："前进！前进！高举着反抗的大旗，杀向那日本帝国主义。用鲜红的热血，森白的腭骨，创造未来的世界……"1932年，他返回东北从事抗日武装斗争。1937年在战斗中牺牲。

金剑啸（1910～1936），原名金承栽，笔名剑啸，辽宁沈阳人。1931年加入中国共产党。九一八事变后，积极投身抗日救亡斗争，他利用编辑身份，先后在《大北新报画刊》《黑龙江民报》等报刊组织反日宣传。并成立"白光剧社"，编写演出反满抗日戏剧。被誉为"东北革命文艺的拓荒者"。1936年壮烈牺牲。

金剑啸

1934年，金剑啸在哈尔滨道里创立天马广告社，承揽各种绘画广告，以此掩护革命行动。图为天马广告社旧址。

雪耻
——喋血抗日捍国土

○ 鱼水情深 ○

百姓向东北抗日联军报告敌情

民众给东北抗日联军送粮

《英雄李福生》组画：

①临江县错草沟村民李福生送独生子参加东北抗日联军

②李福生雪夜为东北抗日联军送粮

③1939年李福生夫妇英勇就义

李升

李升（1867～1962），山东德州人。1933年加入中国共产党。东北抗日联军地下交通员，他出色完成通信联络任务的同时，还承担起护送杨靖宇、冯仲云、李兆麟、赵一曼等许多抗联将士的任务。被亲切地称为"抗联的父亲"。1951年国庆节，作为东北抗日联军代表到北京参加国庆观礼，受到毛主席接见。

1938年初，北满抗联部队为恢复与南满抗联第一路军的联系，把这项艰巨的任务交给了年过七旬的抗联"老交通"李升。李升冒着零下40多度的严寒，踏着没膝深的大雪，进入人迹罕至的长白山原始森林。经过一个多月的寻找，终于找到了抗联第一路军队伍，使南北满抗日队伍恢复了联系。

《寻找一路军》（国画）

作者：王爽（吉林省博物院）

1951 年，李升与梁树林作为松江省代表进京参加国庆观礼时，与冯仲云全家的合影。（前排左为李升）

在东北抗联第一军、第二军、第十军各部转战吉林大地同时，吉林省各地群众热情支援和密切配合抗日游击战争，成为抗日武装在艰苦环境下坚持抗战的根基和力量源泉。

1934 ～ 1935年，汪清县小百草沟的姜庆云连续多次为东北人民革命军第二军军部购买、运送枪支弹药和日用品，1936年不幸被捕入狱。

1934 ～ 1935年，柳河县五道沟的姜成海利用为油坊收购大豆之机，多次为抗日部队修械所购买、运送旧铜废铁和焦炭，为部队秘密医院购买、运送药品。

1934 ～ 1936年，汪清县四道河子的杨德山经常为东北人民革命军第二军送粮、送药、充当向导。

1934 ～ 1936年，辉南县爱国富商董乐山经常给东北人民革命军第一军捐送粮食，直至被捕入狱。爱国富商公振东曾派司机用汽车将粮食、棉鞋、布匹等物资送到四方顶子野猪沟，然后根据约定由第一军向空中放枪，造成汽车被劫的假象，把物资全部留给第一军。

1934～1937年，以原东北军营长王松山为司令的抗日救国军筹备处在抚松成立，他们积极为抗日部队筹集与运送粮食等物资。1937年，筹备处骨干人员达100余人，参加运输物资的群众达400余人。

1934～1938年，临江县西大川、太平、湾沟等10乡25个村屯的群众经常支援东北人民革命军第一军和第二军，帮助部队传送情报、运送物资、救护伤员和直接参军参战。

1934～1940年，舒兰县西四方子、上金马等多个村屯群众，积极支援双龙队（后改编为东北抗日联军第十军）的抗日斗争，多次为部队筹集运送给养和军需物资。

1935年，柳河县五道沟的冯希山、朱跃福购买一批枪支弹药，以走村串户卖杂货为掩护，将武器弹药送到抗日部队驻地。

1935～1936年，抚松县松树镇（今属江源区）的群众，积极支援东北人民革命军第二军等抗日武装，其中太平和小汤河村民几乎家家都给抗日部队送过粮。

1935～1936年，伊通县头道沟大房子屯农民李坤和两个儿子多次避开伪警察盘查，为在磐石、伊通一带活动的抗日部队提供情报，购买物资。因拒绝为敌人带路搜寻抗日部队，李坤及其长子惨遭杀害。

1936年夏秋，长白县十三道沟、十五道沟、十七道沟、十九道沟的农民，先后给抗联部队送过粮食、食盐、布鞋等物资。其中十三道沟朝鲜族农民将粮食、布、鞋等物品及70元现金秘密集中起来，派人送给抗联部队。十五道沟农民王世出先后为抗联部队运送物品30余次。

1936～1937年，桦甸县苏密沟乡一些村屯农民多次给抗联部队送粮食及生活用品。红石镇南仓子屯毛华泰开的小卖店和桦树林子张银匠开的杂货铺经常为抗联部队储备、运送物资。

1938年夏秋之交，辑安县（今集安市）太平、二道坎子、榆树林子等村屯反日会支援东北抗联第一路军大批物资和钱款。

东北民众支援东北抗日联军实物

东北民众给东北抗日联军
送粮用的背夹子

东北民众给东北抗日联军送粮用的口袋

抗日地下交通员张润生穿的靰鞡

　　张润生是那尔轰抗日游击根据地西南岔村的农民，在东北抗日联军的感召下，积极投身抗日斗争，加入了中国共产党。他经常顶酷暑冒严寒，为抗联部队送信、送粮、送情报，这双靰鞡就是张润生执行任务时穿过的。张润生牺牲后，他的老伴一直珍藏，后捐献给我院收藏。

第五单元　艰苦卓绝　抗战到底迎接胜利

　　1938年后，东北抗日联军第一路军转入极为艰苦的斗争阶段。原有的根据地和游击区陆续丧失，部队被迫转入深山密林中，建立密营，坚持游击战，作出极大牺牲。1940年秋冬之交，第一路军余部撤入苏联境内野营整训，继续坚持斗争，直至配合苏军反攻东北，迎来抗战胜利。

《露营之歌》书法作品

○ 密营岁月 ○

雪耻
——喋血抗日捍国土

在我们党的历史上，最艰难困苦的时期主要有三个，即红军二万五千里长征，红军三年赣南游击战争和东北抗日游击战争，其中最艰苦的还是东北抗日游击战争。

——彭真

"火烤胸前暖，风吹背后寒"是东北抗日联军艰苦生活的真实写照。

《露营岁月》（画照）

　　吉林省的抗联密营主要有"地窖子式""马架子式""天然式"等多种形式，根据修建的具体情况，可以用做营房、粮仓、修械所、医疗所、被服厂、印刷厂、联络站等。

　　利用天然的山洞、溶洞修建的密营，温度较为适宜，视线较为开阔，便于观察敌情，但受自然环境的限制和影响也较为明显。图为和龙市牛腹洞石洞革命遗址。

　　马架子式密营用树木搭建，酷似低矮而没有窗户的房屋。这种密营修建相对简易，保暖性能较好。但存在通风不畅、容量小等缺点。图为东北抗日联军长白山密营。

雪耻
——喋血抗日捍国土

蒿子湖密营为典型的"马架子式"结构，顶盖用桦树皮苫盖，饷子内有东、西两铺火炕，使用枯心木做烟囱。东南侧6米处有一条小溪，是战士们的水源，警戒哨所的掩体痕迹明显。图为蒿子湖密营遗址。

自1935年开始，东北地区的抗日武装以寒葱岭为中心兴建密营，形成了东北抗日联军第一路军、抗日山林队密营群。图为寒葱岭密营遗址。

魏拯民密营。又称小二道河子密营，为典型的"地窨子式"结构。1981年4月20日，吉林省人民政府将该密营公布为省级文物保护单位。图为魏拯民密营遗址。

抗联将士艰苦生活用品

碗

铁勺

锅撑

雪耻

——喋血抗日捍国土

行军锅

搪瓷盆

手提式饭盒

铁水壶

铜壶

东满游击队战士全基五的背兜

油灯座

战士们所食用的野菜（标本）

在极端艰苦的岁月里，东北抗日联军始终保持革命乐观主义精神，重视部队的思想政治和文化建设。抗联第一路军经常组织战士学政治、学文化，创办报纸杂志，还通过话剧、歌曲等文艺形式鼓舞战士的抗日斗志，坚定抗日必胜的信念。

战士的政治学习笔记选摘

东北抗日联军第一军创办的《抗日旬刊》

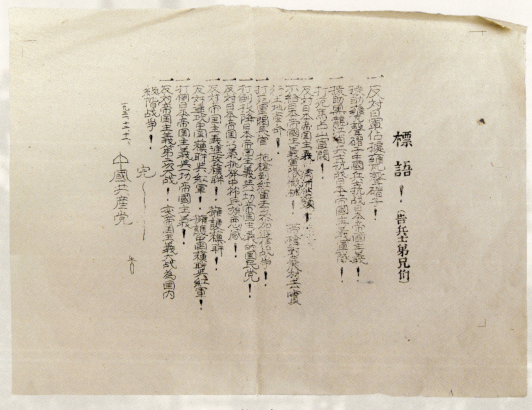

抗日标语

东北抗日联军文化用品

东北抗日联军第一军司令部宣传班木质记录牌

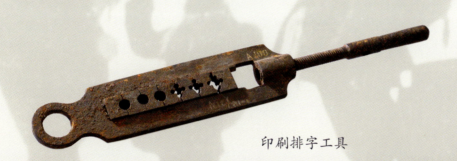

印刷排字工具

油印滚筒

砚台

东北抗日联军树标语

○ 坚持到底 ○

1938年5月11日，中共南满省委及东北抗联第一路军总部在辑安县（今集安市）老岭五道沟抗联密营召开军政干部会议，即第一次老岭会议。会议确定了"保存实力，粉碎敌人的全面进攻"的策略方针，研究了今后游击活动方向问题。图为会议遗址。

　　1938年6月，东北抗联第一军第一师师长程斌叛变，抗联第一路军军事部署、密营分布等核心机密被泄露。杨靖宇、魏拯民召开紧急会议，即第二次老岭会议。会议决定改编抗联第一路军，取消军师番号，组成三个方面军和一个警卫旅。主力部队向河里地区和濛江（今靖宇县）、桦甸县转移。

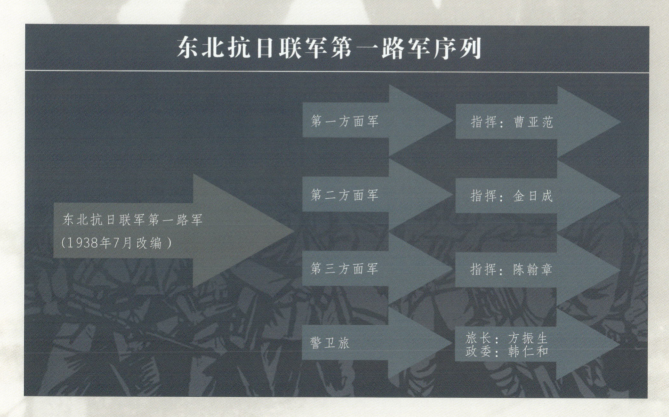

东北抗日联军第一路军序列

东北抗日联军第一路军
（1938年7月改编）

第一方面军	指挥：曹亚范
第二方面军	指挥：金日成
第三方面军	指挥：陈翰章
警卫旅	旅长：方振生　政委：韩仁和

○ 杨靖宇殉国 ○

雪耻
——喋血抗日捍国土

杨靖宇将军殉国（展览厅场景照）

　　1940年2月23日，孤身一人的杨靖宇将军陷入重围，他拒绝诱降，烧毁文件，与敌人展开血战，壮烈殉国。敌人不理解他何以在被严密封锁的深山老林中能坚持这么久，他们要寻找答案。残暴的敌人割下了将军的头颅，剖开了将军的腹部，竟难以置信地发现，将军的胃肠里没有一粒粮食，有的尽是未消化的棉絮和枯草，这是让凶残的侵略者不敢相信的事实。英雄不屈的民族精神亦使侵略者折服。

杨靖宇的家乡——河南省确山县李湾村

青年时代的杨靖宇

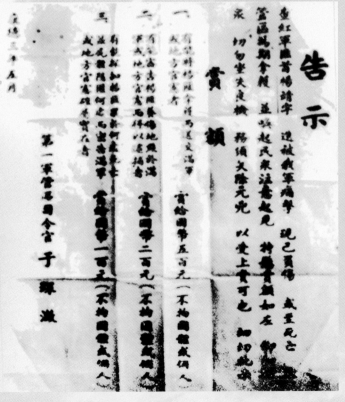

敌人悬赏捉拿杨靖宇的告示

雪耻

——喋血抗日捍国土

杨靖宇牺牲前住过的地戗子

杨靖宇将军遗体

1958年2月，杨靖宇将军陵园在吉林省通化市落成。

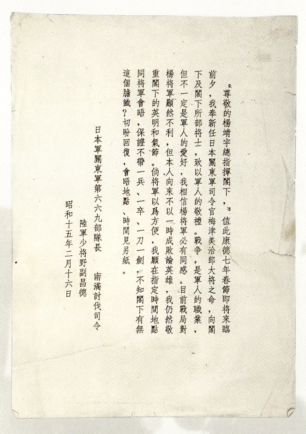

1940年日本南满"讨伐"司令给杨靖宇的谈判信

杨靖宇使用过的印章

　　这幅作战图记录了1938年9月26日至10月18日，日伪军在通化、白山地区"讨伐"东北抗联第一路军的战况。图中用红色标注杨靖宇部队的行动路线、时间，用黑色标明日伪军参战部队名称、追踪堵截情况等。

日军进攻抗联杨靖宇部作战图

○ 魏拯民殉国 ○

雪耻
——喋血抗日捍国土

露营岁月（场景照）

魏拯民　我们的革命红旗，会插遍全中国

现代书法：张磊（吉林省博物院）

我们的革命红旗，会插遍全中国！

——魏拯民

魏拯民就读过的学校——山西省立第一中学

雪耻

——喋血抗日捍国土

《贴心政委》（画照）

魏拯民和战士们在密营中

《编写政治课本》（画照）

魏拯民在生命最后的日子里，常常夜以继日地起草文件、书写报告，不间断地写信，盼望着党中央速派一名能够接替杨靖宇的人前来南满，领导军事斗争；盼望着能与八路军取得联系，共同打击日军。有时，身边的警卫员不得不把他的纸张和笔墨藏起来，强迫他休息。他却说："时间对我太宝贵了，工作怎么能停止呢？请把纸和笔给我吧！"警卫员被他对党的一片赤诚所感动，眼里噙着泪花，又把纸和笔拿给他。1941年3月8日，这位对党忠诚，对祖国竭尽赤诚的热血男儿终因久病不治，病逝于密营中，年仅32岁。

《坚持到最后》（画照）

魏拯民遗物

魏拯民将军墓

○ 野营整训 ○

　　从1940年冬季开始，东北抗联各部队陆续进入苏联远东境内进行休整和集训，建立南、北野营。第一路军入境部队改编为第一路军第一支队。1942年8月东北抗联教导旅建立，并成立中共东北委员会，为反攻东北做充分准备。

1941年，在南野营整训的部分东北抗日联军第一路军指战员合影。

1941年6月22日，为纪念"七七"抗战四周年，南野营的东北抗日联军第一路军指战员演出话剧《还我河山》。此为当时剧照。

东北抗日联军教导旅小部队在珲春市春化葫芦头沟活动遗址

　　周保中撰写的抗日游击日记，真实记录了从 1936 年 3 月到 1945 年 12 月东北抗日联军的斗争生活，重点描绘了东北抗日联军数百次战斗场面，讴歌了东北抗日将士的英雄业绩及其所表现出的爱国主义精神。

雪耻

——喋血抗日捍国土

周保中绘制的东北光复前抗联人员分布概况表

○ 吉林光复 ○

1945 年 8 月 8 日，苏联对日宣战，出兵中国东北。

对日寇的最后一战

1945年8月9日，毛泽东发表《对日寇的最后一战》声明。

东北抗日联军骑兵部队配合苏联红军作战

进驻蛟河的东北抗日联军教导旅战士（左起：宋海增、卜长青、黄生发、刘元山、何财）

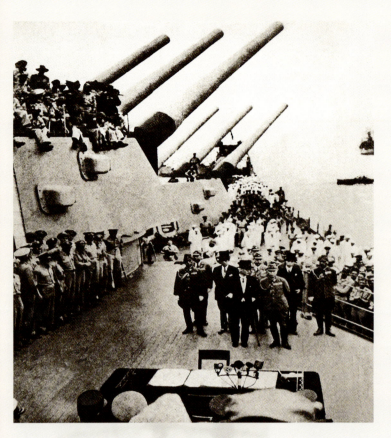

1945 年 8 月 15 日，日本宣布接受《波茨坦公告》，无条件投降。9 月 2 日，在美舰密苏里号上日本正式签订无条件投降书。

1945 年 8 月 18 日，溥仪在通化临江县（今临江市）大栗子宣布退位。

东北人民欢庆抗战胜利

"中国人民抗日战争胜利，是近代以来中国抗击外敌入侵的第一次完全胜利。这一伟大胜利，彻底粉碎了日本军国主义殖民奴役中国的图谋，洗刷了近代以来中国抗击外来侵略屡战屡败的民族耻辱。"

——习近平《在纪念中国人民抗日战争暨世界反法西斯战争胜利70周年大会上的讲话》（2015年9月3日）

　　1945年10月，东北抗日联军教导旅改称东北人民自卫军，周保中任总司令。11月3日，东北人民自卫军与挺进东北的八路军、新四军一起编为东北人民自治军。1946年1月改称为东北民主联军。

第三部分

解放

—— 改翻天地掌政权

风云再起的山川，涌动着暗明两线的斗智斗勇。

几易其手的阵地，凝固着百折不挠的英雄本色。

反守为攻的旗帜，指向着最终胜利的光明希望。

百炼成金的勋章，彰显着浴火重生的人民中国。

解放，换了人间。

解放
——改翻天地掌政权

第一单元　战略方针　向北发展向南防御

　　抗日战争胜利后，中共中央制定"向北发展，向南防御"的战略方针，先后派许多干部和大批部队到东北，建党建军建政，发动群众，建设巩固的根据地，武装剿匪，实行土地改革。广大翻身农民以高度的革命热情，参军参战，支援前线，为吉林解放奠定了坚实的基础。

　　从我们党，从中国革命的最近将来的前途看，东北是特别重要的。如果我们把现有的一切根据地都丢了，只要我们有了东北，那末中国革命就有了巩固的基础。

　　　　　　　——毛泽东《关于中共第七届候补中央委员选举问题》

　　全国战略方针是向北发展，向南防御。只要我能控制东北及热、察两省，并有全国各解放区及全国人民配合斗争，即能保障中国人民的胜利。

　　　　　　　——刘少奇《目前任务和战略部署》

○ 开辟新区 ○

　　1945年9月中共中央东北局在沈阳成立，彭真为书记。东北局代表中央，指导东北一切党的组织及党员的活动。

　　中共中央、中央军委于 1945 年 9 月下旬，组织了"有共产党以来第一次大规模的军事调动"，先后派赴东北干部约 2 万人，部队近 11 万人。中央将近三分之一的中央委员、中央候补委员共 20 人被派到东北。图为 1945 年 9 月八路军挺进东北。

《中国共产党中央委员会对目前时局宣言》

1945 年 11 月 10 日，关于成立中共吉林省工委等机构的通知。

1945 年底，吉林省政府在永吉县岔路河成立。图为省政府办公旧址。

吉林省人民政府印

辽北省政府副主席栗又文的胸签

　　辽北省政府于1945年11月5日在四平建立，主席阎宝航（未到任），副主席栗又文主持工作。这枚胸签是中共在东北建立民主政权，开辟东北根据地的历史见证。栗又文的夫人于1986年将胸签捐赠入藏。

解放
——改翻天地掌政权

解放战争时期敦化县沙河沿区
人民政府印

解放战争时期敦化县第三区
向阳村人民政府印

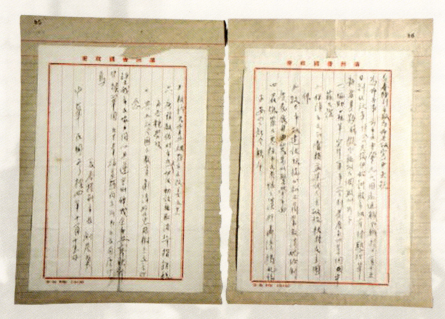

长春特别市政府政字第壹号布告手稿

　　1945年11月15日，长春特别市市长刘居英亲笔草拟该布告，宣告民主政府成立，公布施政纲领。布告手稿是中共在东北建立民主政权，开辟东北根据地的历史记录。

1946年初，我党在磐石建立了吉林省政府。图为当时吉林省政府所在地。

1947年2月1日，辽北省政府成立纪念合影。

解放
——改翻天地掌政权

陈正人

陈正人（1907～1972），江西遂川人。1925年加入中国共产党。井冈山革命根据地创始人之一。抗战胜利后赴东北，任东北民主联军总政治部主任。1946年7月任中共吉林省委书记兼吉林军区政委，为吉林省建立党的基层组织和人民政权作出了贡献，对东北解放战争应该采取的方针和策略，提出了具有预见性的建议。

陈正人给东北局书记彭真的《对当前东北及其周围形势的认识和我们的方针的建议》手稿

　　1945年12月14日，东北民主联军政治部主任陈正人给中共中央东北局书记彭真写了这份《建议》，对当时东北的形势和我党的政策提出了具体的看法和意见，并着重对抗战胜利后的时局、国共军事力量的对比、中共如何取得优势等，进行了深入的分析，形成了正确的认识。

1179

建立巩固的东北根据地*

（一九四五年十二月二十八日）

（一）我党现时在东北的任务，是建立根据地，是在东满、北满、西满建立巩固的军事政治的根据地[1]。建立这种根据地，不是轻而易举的事，必须经过艰苦奋斗。建立这种根据地的时间，需要三四年。但是在一九四六年一年内，必须完成初步的可靠的创建工作。否则，我们就有可能站不住脚。

（二）建立这种根据地的地区，现在应当确定不是在国民党已占或将占的大城市和交通干线，这是在现时条件下所作不到的。也不是在国民党占领的大城市和交通干线的附近地区内。这是因为国民党既然占了大城市和交通干线，就不会容许我们在其靠得很近的地区内建立巩固的根据地，这种地区，我党应当作充分的工作，在军事上建立第一道防线，决不可轻易放弃。但是，这种地区将是两党的游击区，而不是我们

* 这是毛泽东为中共中央起草的给中共中央东北局的指示。在苏联宣布对日作战，苏联军队进入东北以后，中共中央和中共中央军事委员会派遣大批干部和部队进入东北，与东北抗日联军会合，领导东北人民，消灭日寇和伪满的残余，肃清汉奸，剿除土匪，建立各级地方民主政府，但是这时坚持要独占全东北的国民党反动派，在美帝国主义援助下，经过海陆空三路向东北大举运兵，并攻占了已被人民解放军解放的山海关、锦州等地区，东北的严重斗争已经不可避免，而这一斗争对于全国

1180　毛泽东选集　第三次国内革命战争时期

的巩固根据地。因此，建立巩固根据地的地区，是距离国民党占领中心较远的城市和广大乡村。目前，应当确定这种地区，以便部署力量，引导全党向此目标前进。

（三）在确定建立巩固根据地的地区和部署力量之后，又在军队数量上已有广大发展之后，我党在东北的工作重心是群众工作。必须使一切干部明白，国民党在东北一个时期内将超过我党，如果我们不从发动群众斗争、替群众解决问题、一切依靠群众这一点出发，并动员一切力量从事细心的群众工作，在一年之内，特别是在最近几个月的紧急时机内，打下初步的可靠的基础，那末，我们在东北就将陷于孤立，不能建立巩固根据地，不能战胜国民党的进攻，而有遭遇极大困难甚至失败的可能；反之，如果我们紧紧依靠群众，我们就将战胜一切困难，一步一步地达到自己的目的。群众工作的内容，是发动人民进行清算汉奸的斗争，是减租和增加工资运动，是生产运动。应当在这些斗争中，组织各种群众团体，建立党的核心，建立群众的武装和人民的政权，把群众从经济斗争迅速提高到政治斗争，参加根据地的建设。最近热河省委的发动群众斗争的指示[2]，可以应用于东北。我党必须给东北人民以看得见的物质利益，群众才会拥护我们，反对国民党的进攻。否则，群众分不清国民党和共产党的优劣，可能一时接受

局势显然具有严重之意义。毛泽东在中共中央起草的这个指示中，预见到东北斗争的艰苦性，确定了中国共产党在东北的任务是在距离国民党占领中心较远的城市和广大乡村，建立巩固的根据地，发动群众，逐步积蓄力量，准备将来转入反攻。中共中央和毛泽东的这个正确的方针，由中共中央东北局有效地实现了，因而能在三年以后的一九四八年十一月，取得解放全东北的伟大胜利。

建立巩固的东北根据地　　1181

国民党的欺骗宣传，甚至反对我党，造成我们在东北非常不利的形势。

（四）我党现时在东北有一项主观上的困难。这就是大批干部和军队初到东北，地理民情不熟。干部对于不能占领大城市表示不满，对于发动群众建立根据地的艰苦工作表示不耐心。这些情况，是同当前形势和党的任务相矛盾的。必须反复教育一切外来干部，注重调查研究，熟悉地理民情，并下决心和东北人民打成一片，从人民群众中培养出大批积极分子和干部。应向干部说明，即使大城市和交通线归于国民党，东北形势对于我们仍然是有利的。只要我们能够发动群众、建立根据地的思想普及到一切干部和战士中去，动员一切力量，迅速从事建立根据地的伟大斗争，我们就能在东北和热河[3]立住脚跟，并取得确定的胜利。必须告诉干部，对于国民党势力切不可估计太低，也不可以为国民党将向西满和北满进攻，因而产生不耐心作艰苦工作的情绪。这样说明时，当然不要使干部觉得国民党势力大得了不得，国民党的进攻是不能粉碎的。应当指出，国民党在东北没有深厚的有组织的基础，它的进攻是可以粉碎的，这就对我党以建立根据地的可能性。但是，国民党军队现在正向热辽边境进攻，如果没有受到打击，他们不久将向西满和北满进攻。因此，我党必须人人下决心，从事最艰苦的工作，迅速发动群众，建立根据地，在西满和热河，坚决地有计划地粉碎国民党的进攻。在东满和北满，则是迅速准备粉碎国民党进攻的条件。干部中一切不经过自己艰苦奋斗、流血流汗，而依靠意外便利、侥幸取胜的心理，必须扫除干净。

1182　毛泽东选集　第三次国内革命战争时期

（五）迅速在西满、东满、北满划分军区和军分区，将军队划分为野战军和地方军。将正规军队的相当部分，分散到各军分区去，从事发动群众，消灭土匪，建立政权，组织游击队、民兵和自卫军，以便稳固地方，配合野战军，粉碎国民党的进攻。一切军队，均须有确定的地区和任务，才能迅速和人民结合起来，建立巩固的根据地。

（六）此次我军十余万人进入东北和热河，新扩大者又达二十余万人，还有继续扩大的趋势。加上党政工作人员，估计在一年内，将达四十万人以上。如此大量的脱离生产人员，专靠东北人民供给，是很危险的。因此，除集中行动负有重大作战任务的野战兵团外，一切部队和机关，必须在战斗和工作之暇从事生产。一九四六年决不可过之，全东北必须立即计划此事。

（七）在东北，工人和知识分子的动向，对于我们建立根据地，同争取将来的胜利关系极大。因此，我党对于大城市和交通干线的工作，特别是争取工人和知识分子，应当充分注意。鉴于抗战初期我党争取工人和知识分子进入根据地注意不够，此次东北党组织除注意国民党占领区的地下工作外，还应尽可能吸引工人和知识分子参加军队和根据地的各项建设工作。

注　释

[1]　当时，东满根据地是指中长路沈阳至长春段以东的吉林、西安（今东辽）、安图、延吉、敦化等地区；北满根据地是指哈尔滨、牡丹江、北安、佳木斯、齐齐哈尔等地区；西满根据地是指中长路沈阳至哈尔滨段以西的洮安、开鲁、阜新、郑家屯（今双辽）、扶余等地区。此外，中国共产党还在南满建立了根据地，南满根据地是

建立巩固的东北根据地　　1183

指中长路沈阳至大连段以东的安东（今丹东市）、庄河、通化、临江、清原和沈阳西南的辽中等地区。坚持南满的对敌斗争，对东北根据地的建设起着了重要作用。

[2]　指一九四五年十二月中共热河省委颁发的发动群众的指示。这个指示指出：发动群众对敌汉奸，特务的诉苦复仇的清算运动是目前发动群众的中心环节，应通过这一运动，发动群众的积极性，提高群众在社会上、政治上和经济上的地位，组织工会、农会和其他群众团体，并逐条在这个运动的一段落后转入减租减息的群众运动，注意中的发动群众，必须首先发动工人，使工人在清算汉奸、特务的运动中起先锋作用和领导作用。这个指示还提出要学会管理城市的一套办法，爱护人民，一切作长期打算。

[3]　热河，原来是一个省，一九五五年撤销，原辖区地区划归河北、辽宁两省和内蒙古自治区。

1945年12月28日，毛泽东为中共中央起草给东北局的《建立巩固的东北根据地》指示。

　　注：图片节自《毛泽东选集》第四卷，人民出版社，1991年。

解放

——改翻天地掌政权

　　1945年10月31日，中共中央和中央军委决定：进入东北的各部队统一编成东北人民自治军。后于1946年1月，改称东北民主联军。

东北民主联军胸签

东北解放区银行货币

东北银行纸币（伍百圆）

东北银行纸币（伍仟圆）

东北民主联军使用过的军号

夏季攻势中梅河口战斗的炮弹壳

四平攻坚战的炮弹头

解放

四平攻坚战中东北民主联军军用水壶

东北民主联军手榴弹残骸

解放战争时期军帽

解放战争时期军上衣

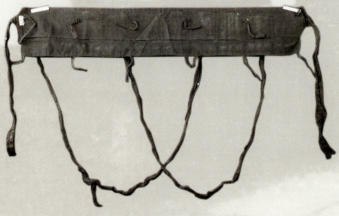

东北民主联军子弹袋

四平保卫战中东北民主联军爆破筒

夏季攻势中东北民主联军三八式枪刺

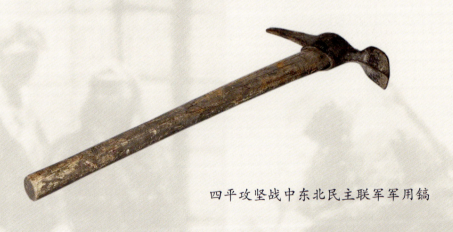

四平攻坚战中东北民主联军军用镐

四平保卫战中东北民主联军军用锹

东北民主联军 60 迫击炮

东北民主联军 60 迫击炮

○ 剿匪斗争 ○

　　1946年3月26日，中共吉江省委发出《关于剿匪防匪和武装建设的指示》。6月12日，东北局、东北民主联军总部联合作出《关于剿匪工作的决定》。吉林省委于7月下旬制定了"武装剿匪与政治斗争相结合，发动群众与专门侦破相结合"的剿匪方针。

乾安县某大队部分干部剿匪归来的情形

吉林军区某部赴安图县剿匪出发前的情形

1946年2月3日，通化的国民党分子勾结日伪残余，以在玉皇山上燃起狼烟为信号，发动武装暴乱，即"通化二三事件"。中共通化分省委周密部署，组织兵力，迅速平定暴乱，极大鼓舞了军心民心，巩固了新生的民主政权。图为"通化二三事件"遗址。

在平定"通化二三事件"中被我军擒获的日伪匪首藤田实彦

　　自1946年6月至1947年5月，各根据地群众性的剿匪斗争，取得了决定性胜利，沉重打击了国民党势力，巩固了解放区的民主政权，广大人民群众对党和人民政府以及人民军队更加信赖和拥护。

○ 土地改革 ○

1947年中共中央颁发《中国土地法大纲》，规定废除封建性、半封建性剥削的土地制度，实行耕者有其田的土地制度。

1946年7月13日至24日，中共吉林省委在敦化召开省委扩大会议（亦称敦化会议）。会议传达了中共中央的有关指示和东北局扩大会议精神，学习了《七七决议》，并听取了东北局代表的报告。会后，吉林省各地、县党组织积极贯彻会议精神，各级干部组成工作团（队）深入农村，分批开展土地改革运动。图为敦化会议旧址。

1947年省土改工作队在图们召开反奸清算大会

磐石县明城区土改时斗争地主的情形

临江苇沙河农民在土改中分得的胜利果实

1948 年 1 月，中共吉林省委根据本省土地改革的实际情况，发布《告农民书》，号召广大农民彻底消灭封建，彻底平分土地。图为中共吉林省委《告农民书》。

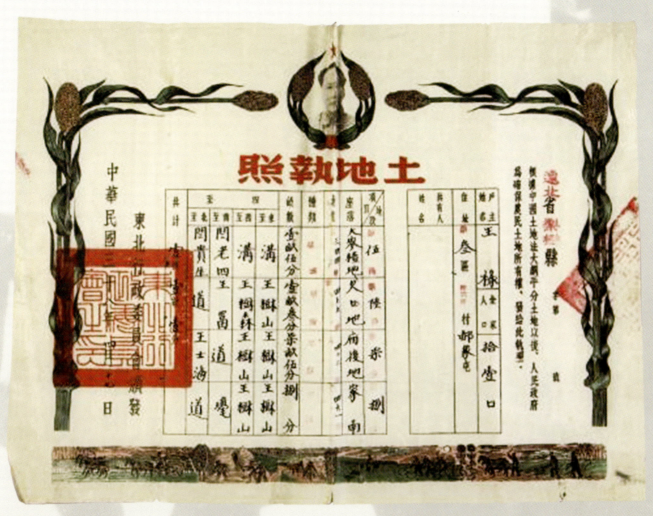

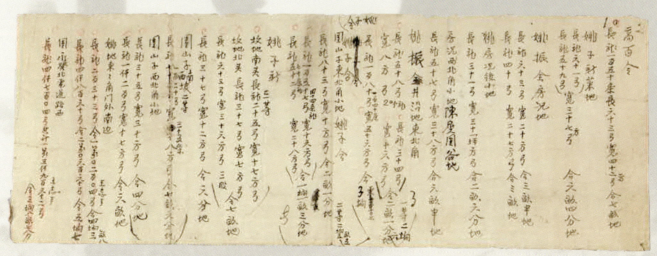

东北行政委员会颁发的土地执照

杨家屯土改分地账

解放

——改翻天地掌政权

　　随着土地改革运动的深入进行，吉林省各族人民踊跃参军参战，支援前线，积极参加"保家保田"的人民战争，为东北乃至全国解放战争的胜利作出了应有的贡献。图为夏季攻势中奔赴前线的担架队。

柳河县翻身青年踊跃参军的情形

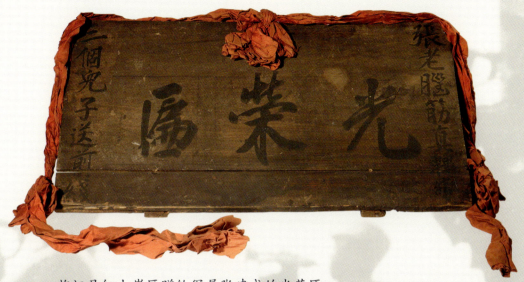

临江县红土崖区赠给军属张建成的光荣匾

　　张建成，临江县翻身农民，他先后把三个儿子送上前线。长子张富，1945年10月参军，辽东军区独立师四团一营战士；三子张增，1946年2月参军，辽东军区独立师五团二营营部警卫员；次子张禄，1947年加入临江县八区二中队。为表彰张建成送子参军的革命精神，红土崖区赠给他一块光荣匾。

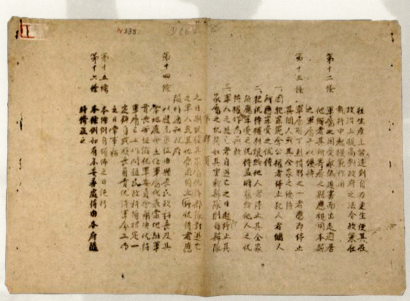

吉林省政府优待革命军人家属暂行条例

周保中与关山复等"关于抗联烈士家属的抚恤"信

第二单元 国共对峙 白山松水风云再起

　　中共中央东北局和东北民主联军为贯彻"让开大路，占领两厢"战略方针，反击国民党军事进攻。在长春、四平等重要城市与国民党军发生激战，互有胜负；在新站、德惠等地与国民党进行多场谈判，均未达成共识。最终形成了两军隔松花江对峙的局面。

「一、四平守军甚为英勇，望传令奖励；二、请考虑增加一部分守军（例如一至二个团），化四平街为马德里。」

——四平保卫战期间毛泽东给林彪的电文

蒋介石就东北内战发表「不打到四平，不商谈和平」的言论。

○ 夺取四平 攻克长春 ○

1946年3月17日，东北民主联军遵照中共中央指示，在苏军撤离后，首先夺取战略要地四平。4月14日～18日，又强夺长春。占领四平和长春，为东北民主联军阻止国民党北进创造了有利条件，表明了共产党及其军队准备反击国民党进攻的决心。

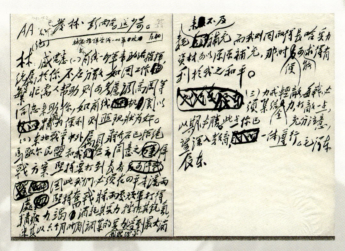

1946年5月1日，毛泽东起草的关于东北前线指挥及在四平、本溪歼敌问题的电文手迹。

吴恒夫

吴恒夫（1914～1946），湖北黄安人。1932年加入中国共产党。吉东军区警备第二旅参谋长、东南纵队副司令员，在长春争夺战指挥攻打"万字会"大楼（原长春市图书馆旧址）时牺牲。

朴洛权（1917～1946），吉林汪清人，朝鲜族。1936年加入中国共产党。吉辽军区第二十四旅第七十团团长，在长春争夺战攻击伪满中央银行大楼（今人民广场"中国人民银行"大楼）时，率团与敌军展开肉搏战，身负重伤牺牲。

朴洛权

贺庆积

贺庆积（1909～1998），江西永新人。1928年加入中国共产党。东北民主联军东南纵队司令员，在长春争夺战中亲临前线指挥，被敌方炮弹碎片击中眼部，造成左眼失明。

东北民主联军吉林军区副司令员贺庆积在长春争夺战中使用的望远镜

望远镜为双筒16倍，美国制造，上端有小块血渍。1946年4月14日，吉林军区副司令员贺庆积在前线指挥长春争夺战时左眼被弹片击中受伤，鲜血滴在望远镜上。1970年他在上海一家医院手术，取出两块豆粒大的弹片。1986年，贺庆积将珍藏多年的望远镜和弹片捐赠给我院。

周保中（1902～1964），云南大理人，白族。1927年加入中国共产党。1931年赴东北组织领导抗日武装斗争，率部配合苏军光复东北。抗战胜利后，历任东北人民自卫军总司令、东北民主联军副司令、吉林军区司令员、吉林省政府主席等职，指挥过长春争夺战等多场重大战役，被誉为东北解放功臣。新中国成立后任云南省政府副主席。

周保中解放战争时期使用的物品

120 照相机

呢军帽

军呢上衣

解放

——改翻天地掌政权

中国人民解放军胸签

皮带

公文包

○ 战场与谈判桌 ○

　　虽然中共一再主张停战谈判，蒋介石却始终坚持打完再谈，1946年4月18日，国民党集中兵力向南满和北满发动大规模进攻，东北民主联军组织四平保卫战，打破了国民党迅速北进独占东北的计划，为中共在与国民党的谈判中争取到了重要筹码。

　　1946年4～5月，东北民主联军进行四平保卫战。经过激烈战斗，虽打退敌军多次冲锋，但最终阵地失陷，部队于5月18日撤离四平。

四平保卫战东北民主联军总指挥部旧址

解放

人民群众到前线慰问子弟兵

四平作战中的群众担架队

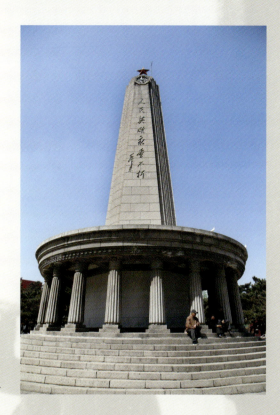

四平烈士纪念塔

　　1946年6月6日，国民党军进军拉法、新站。东北民主联军组成临时指挥部，先占领拉法，又强攻新站，于10日清晨胜利结束战斗。国民党军被迫停止全面进攻，东北战场形成敌我隔西流松花江对峙的休战局面。图为拉新战役天岗战迹地遗址。

解放

1946 年，东满军区吉东军区在延边龙井市召开庆祝拉新作战胜利大会。

1946 年冬，军调部三人小组中共代表团合影。

1946 年魏东明用的日记本

《北平军事调处执行部大事记》

第三单元 南北呼应 坚持南满挽救危局

1946 年 10 月，东北国民党军主力实施"南攻北守，先南后北"的作战方针，向南满解放区发动军事进攻，企图达到占领全东北的目的。根据七道江会议确定的坚持南满的战略方针，东北民主联军取得了四保临江、三下江南战役的胜利，扭转了东北战局。

东北的敌人好比是一头野牛，牛头和牛身子是朝着北满去的，在南满留了一条牛尾巴……坚持南满，抓住牛尾巴，使南北满形成犄角之势，是东北全局的关键。

——陈云在七道江会议上的讲话

从目前来看，南满的严重情况已经到来，而且可能发展，但这决不能改变我们坚持南满的决心。我们要有克服困难长期打算的思想，在任何情况下，应坚持南满。

——萧劲光《四保临江的战斗岁月》

○ 七道江会议 ○

七道江会议旧址

陈云

陈云（1905～1995），江苏青浦人。1925年加入中国共产党。1935年参加遵义会议。同年赴莫斯科，任中共驻共产国际代表团成员。1937年11月回延安，任中共中央组织部部长。抗战胜利后赴东北，曾任中共中央东北局副书记，东北民主联军副政委、东北军区副政委等职。

萧劲光

萧劲光（1903～1989），湖南长沙人。1922年加入中国共产党。曾任红七军团政治委员、八路军留守兵团司令员。解放战争时期，任东北民主联军副总司令、南满军区司令员、东北野战军第一兵团司令员、第四野战军副司令员等职。

解放
——改翻天地掌政权

○ 四保临江 ○

四保临江战役简表

	第一次 临江保卫战	第二次 临江保卫战	第三次 临江保卫战	第四次 临江保卫战
时间	1946 年 12 月 17 日至 1947 年 1 月 20 日	1947 年 1 月 30 日至 2 月 8 日	1947 年 2 月 13 日至 3 月 24 日	1947 年 3 月 27 日至 4 月 3 日
国民党军	调集 6 个师兵力,分三路向南满革命根据地临江地区进犯	集中 4 个师兵力,分三路再次向临江地区发起进攻	集中 5 个师兵力,对临江地区发起第三次进攻	调集 20 个团的兵力,分三路向临江地区发起第四次进攻
东北民主联军	第三纵队正面防御,第四纵队远程奔袭,拔掉国民党军守备据点 40 多处,威逼沈阳	第三纵队重创北高丽城子国民党军第五十二军第一九五师。第四纵队挺进敌后,开展游击战	第三纵队在通沟歼敌暂编第二十一师一个团,在第四纵队配合下,歼敌第九十一师和第二师各一部	集中第三纵队和第四纵队,在柳河红石砬子歼灭第八十九师和第五十四师一个团
结果	国民党军调动兵力回守。一保临江胜利	国民党军 2 月 8 日停止进攻。二保临江胜利	国民党军撤回到通化地区。三保临江胜利	国民党军其余部队撤军。四保临江胜利

临江军民举行四保临江庆功祝捷大会

四保临江战役中东北民主联军战士王凤林使用的军用水壶

解放
——改翻天地掌政权

"手拧牙咬　破除障碍"旗

1947年2月5日，在二保临江战斗中，东北民主联军第三纵队七师十九团七连受命作为攻打西南山的主攻部队。为破坏敌人工事，七连二排六班战士用手拧断铁丝网，用牙咬断绳索，毁掉了鹿砦，破除了障碍，保障了主攻部队按时攻占了歪头砬子钓鱼台，有力配合了兄弟部队围歼三源浦的敌人。战后，师部为六班记大功两次，并命名为"突击班"，授予"手拧牙咬　破除障碍"旗。

手拧牙咬　破除障碍（场景照）

○ 三下江南 ○

一下江南：
时间：1947 年 1 月 5 日～ 16 日
主要战斗：其塔木攻坚战、张麻沟伏击战、焦家岭围歼战

二下江南：
时间：1947 年 2 月 21 日～ 3 月 1 日
主要战斗：城子街围歼战、德惠攻坚战

三下江南：
时间：1947 年 3 月 8 日～ 16 日
主要战斗：靠山屯歼灭战、郭家屯歼灭战

东北民主联军北满部队向松花江南岸进军

城子街战斗中东北民主联军炮兵阵地

东北民主联军指挥员在靠山屯战斗中观察敌情

1946年东北书店印发的《全解放区人民动员起来粉碎蒋介石的进攻》

《三下江南政治工作总结报告》

第四单元　挥师亮剑　反守为攻吉林解放

　　四保临江、三下江南战役后，东北国民党军队有生力量被大幅削弱。我军把握时机，在解放区人民全力支持下，经过夏秋冬三季强力攻势，收复四平、吉林等战略要地；1948 年 10 月 19 日取得长春围困战胜利，长春宣告和平解放。至此，吉林全省全部解放。

　　为了最后解放四平，我一定不怕死，奋勇杀敌，直到战斗到最后一刻。

　　　　　　——英雄班长金同元（冬季攻势四平收复战中牺牲，24 岁）

　　长春不久就要解放，就将成为人民的城市……建设成一个繁荣、幸福、自由、民主、人人有饭吃、有衣穿、有书读、有活干、人民自己管理的城市。

　　　　　　——东北解放军长春军区前线指挥部《告长春市民书》

○ 夏秋冬三季攻势 ○

为进一步扩大战果，东北民主联军于1947年5月至1948年3月，以吉林省为主战场，分夏秋冬三季先后发动了三次强大攻势。解放了除长春市以外的全部吉林省地区，迫使国民党军队收缩于锦州、沈阳、长春。

东北民主联军在夏季攻势中发起四平攻坚战。图为攻城部队向四平发起总攻。

国民党军在四平外围布下的陷坑、绊脚桩和铁丝网。

解放

——改翻天地掌政权

夏季攻势中勇敢战斗的东北民主联军战士

东北民主联军突破四平外壕，占领敌人工事。

四平攻坚战中缴获敌人的汽车

四平攻坚战中缴获的敌机

解放
——改翻天地掌政权

马仁兴半身像雕塑

马仁兴工作手册

1948年10月《东北画报》为纪念马仁兴发行的特刊

夏季攻势梅河口战斗中东北民主联军的子弹铁盒　　　夏季攻势梅河口战斗中东北民主联军的炮弹

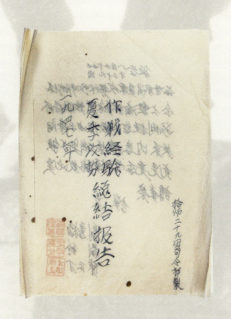

《夏季攻势作战经验总结报告》　　　东北民主联军秋季攻势时的东北南部地图

解放

——改翻天地掌政权

吉林解放区人民缝制的拥军鞋

　　1947年10月15日，东北民主联军发动秋季攻势，吉林解放区人民掀起了支援前线热潮，广大妇女精心缝制军鞋并把口号"拥护共产党打倒蒋介石"绣在军鞋上，鼓励子弟兵英勇杀敌。

　　1948年1月1日，经中央军委同意，东北民主联军正式改称为东北人民解放军。

王秋萍佩戴的东北人民解放军胸签

冬季攻势中英勇出击的解放军骑兵

四平收复战中解放军战士突入城墙

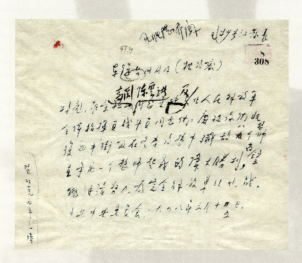

1948年3月，周恩来代中共中央起草的祝贺四平解放的电文手迹。

秋季攻势战役动员令

解放
——改翻天地掌政权

夏秋冬三季攻势简表

攻势名称	时间段限	主要战斗	总体战果
夏季攻势（1947年5月13日至7月1日）	第一阶段（1947年5月13日至6月10日）	郑家屯作战 怀德作战 江密峰作战	歼敌8.3万余人，收复城镇42座（吉林省境内15座），解放约16万平方千米土地及633.6万人民，彻底改变东北和吉林解放区被分割的局面，使东、西、南、北满根据地连成一片
	第二阶段（1947年6月11日至7月1日）	四平攻坚战	
秋季攻势（1947年9月14日至11月5日）	第一阶段（1947年9月14日至30日）	梨树沟门战斗 杨杖子战斗	歼敌69800人，收复城镇15座（其中吉林省5座），解放3.8万平方千米土地和260余万人民，控制了东北大部分铁路，国民党军被压制在吉林、长春、四平等大小24座城镇里
	第二阶段（1947年9月30日至10月初）	破袭中长铁路作战	
	第三阶段（1947年10月初至11月5日）	收复乌拉街作战 攻克农安作战 攻克德惠作战	
冬季攻势（1947年12月15日至1948年3月15日）	第一阶段（1947年12月15日至1948年1月7日）	公主屯战役	歼敌156383人，扩大解放区约10.9万平方千米土地，解放人口618万，将国民党军压缩于锦州、沈阳、长春3个孤立地区
	第二阶段（1948年1月20日至3月15日）	辽南战役 四平收复战	

○ 收复长春 决战辽沈 ○

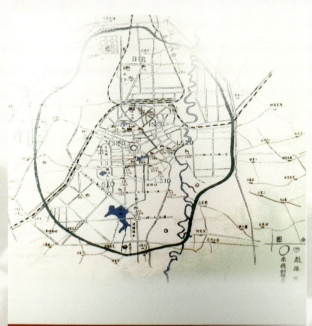

东北人民解放军绘制的围困长春示意图

东北人民解放军向长春外围进军，包围驻长国民党军队。

　　冬季攻势后，吉林地区的国民党部队困守长春孤城。1948年6月，东北人民解放军"久围长春，展开政治攻势和经济斗争"。10月17日，国民党第六十军宣布起义，19日国民党新七军投诚，长春宣告和平解放。至此，吉林全境解放。

东北人民解放军向锦州发起攻击

梁士英

梁士英半身像雕塑

梁士英（1922～1948），吉林扶余人。1946年参加中国人民解放军，年底加入中国共产党。1947年在攻打昌图和彰武的战斗中，两次立功。1948年9月，在锦州作战中任尖刀连8连2排5班战斗组长。10月14日，为炸毁一座敌军暗堡，他用身躯顶住即将爆炸的爆破筒，壮烈牺牲，年仅26岁。战后，被追记三大功，授予辽沈战役特等功臣光荣称号。所在班被命名为"梁士英班"。

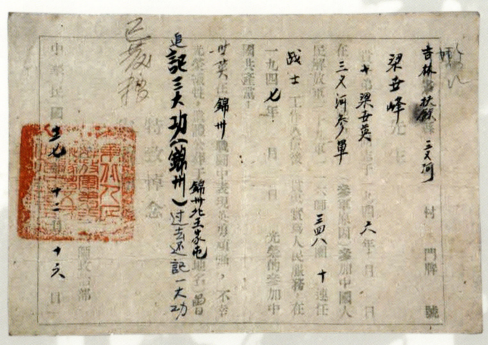

梁士英烈士家属证明书

梁士英使用过的砚台

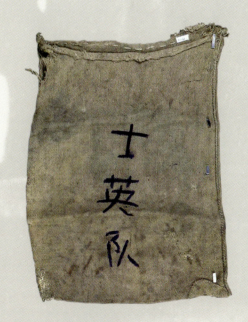

梁士英队使用的麻袋

解放
——改翻天地掌政权

◎ 吉林解放 ◎

1947年5月18日，公主岭解放。图为群众在观看安民布告。

　　1947年10月，吉北重镇乌拉街、农安、德惠相继解放。
1948年3月9日，吉林市解放。

1948年3月13日，四平宣告解放。图为四平人民欢迎解放军入城。

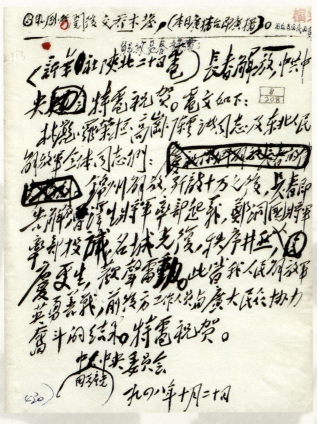

1948年10月20日，中共中央电贺长春解放。

《东北日报》号外"长春全城已告解放"

解放

——改翻天地掌政权

我军吹响长春解放的胜利号角

长春解放纪念碑

長春市各界同胞慶祝民主聯軍
保衛和平進駐長春勝利大會告市民書

各界同胞們！

我們歡欣鼓舞地慶賀這次大民主聯軍保衛和平進駐長春的勝利！

我們絕對不會讓紅軍把我們從日寇鐵蹄下解放出來，又被國民黨勢力佔在頭上，侵略中國的日本戰敗了，漢奸走狗，效忠日寇及僞滿洲的姜鵬飛率領的「鐵石部隊」，敦化鯨河各地的殘匪，「接收」所的官僚軍閥，都盤踞在本市，互相勾結，爲官賣官，龍淫無惡，人民生計，則日見凋敝，巧取豪奪，對市民提出的控訴和申請部渡之不理，難怪有些人喊出「接收後還不如僞滿洲」的呼聲。

本市人民的幸運，也是全東北人民的幸運，全市秩序即趨安定，水電俱應俱供恢復，我們代表全體市民表示熱烈的欵賀！

民主政府、改善人民生活，都是國家功臣，民族模楷。

我長春市民應該怎樣慶祝勝利呢！

第一，我們要認清國民黨當局在九一八事變時，抱不抵抗主義，將東北大好河山斷送敵手，使我四千萬人民受到十四年牛馬奴隸般的痛苦。光復後，這些民族罪人不僅高踞要位，作威作福，想在東北實行一黨專政和個人獨裁，繼續東北人民受黑暗統治。這次得罪多陰謀，破壞東北和平民主，揭露了他們的真實內幕，我們代表八十萬長春市民，堅決要求國民黨政府立即實行國共停戰協定，停止向東北人民的軍事進攻，建立東北各地方的民主聯合政府，實現東北的永久和平。

第二，我們絕對相信民主聯軍有力量清除醜惡，也有力量捍衛長春，不要相信奸人播弄是非的造謠宣傳，迅速開工復業復課。

第三，協助人民的政府，人民的軍隊，恢復市政建設，推行政府法令，鞏固治安，維持秩序。

第四，工、農、商學、兵、青年、婦女們，一致團結起來，組織起來，肅清敵僞殘餘勢力，共同努力建設和平民主的新長春。

第五，盡到有力的部隊，鼓勵將士爲保衛東北的和平民主而繼續努力，民主聯軍愛護我們人民，忠心耿耿爲人民服務，我們更要愛護民主聯軍，有什麼意見都可向將士們提出，爲民主聯軍服務光榮。衷心對民主聯軍的將士們，要求民主政府極恤他們的眷屬，樹立威信。

市民同胞們：有民主政府的領導，有英勇善戰威力的民主聯軍的保衛，有我們八十萬各界市民的共同努力，一定能把長春建設成和平民主繁榮幸福的新長春。

我們高呼：

長春市民解放萬歲！

東北人民解放萬歲！

和平民主團結建設的新長春萬歲！

　　　　　　　　　　　　　　　　　　月廿七日

《长春市各界同胞庆祝民主联军保卫和平、进驻长春胜利大会告市民书》

解放
——改翻天地掌政权

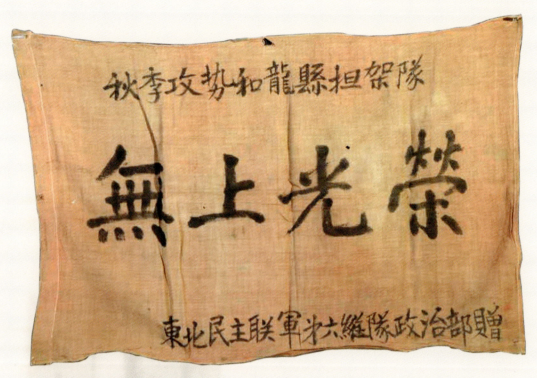

东北民主联军第六纵队政治部赠秋季攻势和龙县担架队"无上光荣"旗

延吉县勇成乡贫农团赠
给平安区贫农代表大会的
"改翻天地 掌握政权"锦旗

1948年初，吉林解放区各地相继召开会议，贯彻全国土地会议精神，完成土改运动。1月29日，延吉县平安区召开贫雇农代表大会。在勇成乡妇女会主任池玉顺提议下，用清算地主的被面和台布上的饰穗缝制了这面锦旗献给大会。"改翻天地 掌握政权"八个字是广大翻身农民内心的真实写照。

　　解放战争时期，吉敦行署设有额穆县（后并入敦化县），额穆县人民在党的领导下，积极投身支援前线活动，成绩显著。特别是在1947年秋季攻势当中，县运输大队贡献巨大，为表彰其贡献，东北民主联军总部赠予了这面锦旗。

秋季攻势战勤运输模范旗

　　1947年5月13日，东北民主联军发动了强大的夏季攻势，主要战场集中在吉林境内，吉东根据地负担起繁重的战勤任务。和龙县人民参战大车队在支援前线中表现突出，受到了东北联军总兵站的表彰和奖励。

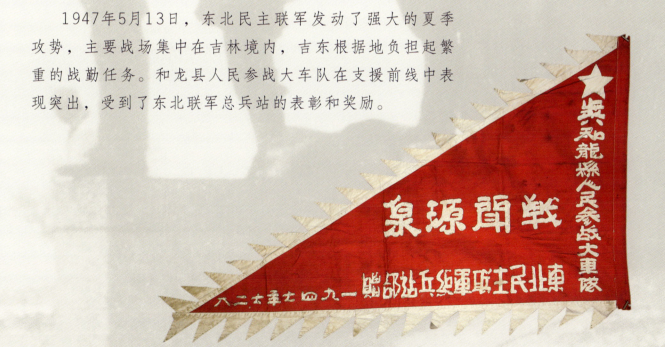

东北民主联军总兵站奖给和龙县人民参战大车队的"战斗源泉"旗

解放
——改翻天地掌政权

周保中的"解放东北纪念章"

黄生发的解放东北纪念章

　　在东北解放战争中，周保中在建党、建军、建政等方面做了大量工作，为解放东北作出了重要贡献。1948年，东北人民解放军总部为周保中颁发了这枚纪念徽章。

周家礼的解放战争纪念章

东北荣军章

东北人民解放军勇敢奖章

人民功臣章

中华人民共和国开国盛典日纪念章

解放
——改翻天地掌政权

"中华人民共和国中央人民政府今天成立了！"

——毛泽东在中华人民共和国开国大典上的庄严宣告

吉林人民庆祝中华人民共和国成立大会会场

尾 声

白山巍峨，冬去春来，草木蓬勃。

松水东流，前浪奔涌，后浪磅礴。

那些年，先辈们不断探索救亡图存的道路，掀起反帝反封建的革命浪潮，唤醒了民族意识的伟大觉醒。

那些年，先辈们傲然挺起宁折不弯的脊梁，肩负驱强敌御外侮的历史使命，洗雪了中华民族的百年国耻。

那些年，先辈们高擎人民当家作主的旗帜，投身改天换地的解放洪流，迎来了浴火重生的崭新中国。

岁月已逝，却无法抹去它在历史长河中留下的深刻而隽永的烙印。聚焦今日，千万万追梦人牢记实现中华民族伟大复兴的初心，继往开来，卓然向前。

破晓之后，朝阳初升。